臺北都會二三二八

序一

建設正義喜樂的新臺灣

高李麗珍

身為二二八事件的受難者家屬，最近從媒體獲知南韓前任總統全斗煥被捕、入獄，被起訴，一九八〇年的光州事件受難者即將獲得平反的記事，內心感慨無量。南韓從光州事件發生後，只經過十五年，就有這麼公正的審判，但我們臺灣的二二八事件受難者的平反，經過了四十八年之久，仍未有公正的解決，實在令人痛心。

令受難者家屬痛心的是：(1)政府不公布真相，致使部分家屬，至今仍不知其親人的下落。他們為何被捕？遭遇何種苦刑？如何被害？遺體何在？都沒有交代。(2)政府硬不用「賠償」而改採「補償」的字眼來躲避應有的責任。政府仍然沒有勇氣承認屠殺成千上萬臺灣菁英的歷史錯誤，以誠心悔過的態度來安撫受難家屬破碎的心靈。

然而，所幸者，這幾年來有好幾位社會正義之士出來為受難者爭取公道。其中我要特別感謝張炎憲教授。

張炎憲教授在吳三連臺灣史料基金會的支持下，與黎澄貴、胡慧玲再完成了第八、九兩本的二二八受難者及有關人士的口述實錄。在此，我深切盼望，臺灣人能從二二八受難者家屬所遭遇到的慘無人道的迫害中，學習家屬們那種刻苦耐勞、抗拒不義的精神。也期盼大家能繼續以愛心與智慧來促進族羣的和諧，建設充滿著正義、和平、喜樂、希望的新臺灣。

一九九五年十二月

序二

二二八事件給臺灣人最大的教訓及啓示

李勝雄

一九四七年發生在臺灣的二二八事件，永遠是臺灣歷史上重要的大事，就如同以色列曾被埃及人統治奴役以及被德國納粹分子大屠殺的史實，縱使經過千百年，也永遠留傳下來。對一個民族或羣體而言，悲慘的經歷所造成的影響是非常深遠的，不但會改變該族羣的命運，也能形成特異的民族形態。

由張炎憲教授、胡慧玲小姐、黎澄貴先生等人，不辭辛勞，親自訪問二二八事件的受難者家屬，將他們親身經歷目擊之事實，一一錄音筆記存證，最近所編輯成的《臺北都會二二八》、《淡水河域二二八》，是一系列對於二二八事件經過，有血、有淚的活生生描寫。繼前已出版的《悲情車站二二八》、《基隆雨港二二八》、《嘉義北回二二八》、《嘉義驛前二二八》、《諸羅山城二二八》、《嘉雲平野二二八》、以及《臺北南港二二八》等書，加上這兩本今年出版的，二二八事件引爆點的臺北地區二二八口述歷史紀錄，已足以展現出臺灣二二八事件的大致真相，而永遠留存於臺灣的歷史上，供給後人作寶貴的資料及教育。

二二八事件到底帶給臺灣人什麼最大的教訓及啓示，從二二八受難家屬的口述歷史中仔細加以了解後，就不難發現，有下列三大方面：

一、被外來政權統治的痛苦教訓：外來政權為維持其統治權力，必定會使用武力鎮壓任何反抗或可能反抗的本土力量。當時的淡江中學校長陳能通，就是因為要求臺灣警總參謀長柯遠芬寫下字據，將日治時代留下的軍訓槍枝交學校保管，又不服柯某要求在校內建置中國式涼亭，而被視為要消滅的反對力量。在二二八事件發生後不久的三月十一日，他即被抓走而下落不明，自然是已被殺害慘死。

外來政權的統治，只把當地人民視為統治的工具加以利用蹂躪，而不會把他們當作自己的同胞予以真心愛護。國民黨政權在二二八事件所使用的對付手段，不但無法無天，而且殘忍無情。陳能通被抓走後，不給家人任何消息，連屍骨亦無存。該校首任校長林茂生以及許多二二八受難者都有相似悲慘情形，即使倖存者及其家屬，仍長久受監視迫害，可見外來政權統治的可怕後果。

二、二二八事件中，許多地方領袖，例如廖德雄的父親廖進平，及王添灯、李瑞漢等人，在臺北市為協助平息民怒，出面與國民黨政府當局協調，結果卻莫名其妙、毫無理由的被抓走，遭受與陳能通相同的失蹤慘死的命運。其他地區也都發生地方仕紳作調人，試圖與國民黨和解，卻反而被抓、被殺的相似事件。足證，反抗外來政權的奮鬥，若非繼續不斷，直到完全成功，就會前功盡棄，甚至自己也受害犧牲。今日，臺灣的反對運動雖有不少成就，但尚未完全成功，國民黨外來政權尚在執政，也未完全脫胎換骨成為本土政權，而帶有外來政權遺毒的新黨以及統派分子猶囂張不已。臺灣要完全脫離外來政權的危害，不僅是在國內終止任何外來政權而已，而且必須早日建立自己的獨立自主國家。

二二八事件造成的「本省人」與「外省人」互相仇視衝突的問題，也只有在一同成為獨立國家的國民時，始能徹底消除。因為，臺灣成為名實相符的獨立國家後，所有臺灣人民都是同一國家的國民，完完全全都是自己的同胞，不再懷有依附外國（即中國）的心結，彼此之間哪來什麼「省籍歧視」或「族羣矛盾」？二二八事件的導因，就是代表中國政權的統治者及其隨從者，以君臨臺灣統治「非我族類」的姿態所造成。只要臺灣人民能從二二八事件中得到教訓及啓示，建立自己的新而獨立的國家，必能完全脫離外來政權的侵害。

三、改變臺灣的國號、國旗及國歌的行動：臺灣人民受到二二八事件的教訓，明白外來政權的可怕，也有了建立新而獨立國家的啓示，就要付諸行動予以實現。否則這些教訓與啓示，均會付諸流水，而成為空談無用。就如以色列人要脫離埃及的奴役統治，就勇敢地跟隨摩西走出埃及，一直至迦南地建立自己的新國度，與埃及切斷所有關聯，連想回埃及的念頭都斷絕，才有成功的希望。

臺灣雖然事實上似乎獨立存在，但一直走不出中國的陰影。除了外來的國民黨政權一直以代表「中國」自居，且不放棄以「統一中國」為政策的口號外，與國民黨主流派爭權的非主流的統派分子及新黨，更以「捍衛中華民國」的弔詭謊言，阻止臺灣的獨立建國，使臺灣仍然籠罩在二二八事件帶來的外來政權的愁雲暗霧中。其最大、也是唯一的禍根，在於「中國」魔障名號的糾纏不清，所帶來「中國情結」的陰魂不散所致。

因此，臺灣要終結外來政權，建立獨立主權，永遠避免二二八事件的禍害，唯有更改與中國有任何關係的國號、國旗及國歌。現在使用的國號，無論是「中華民國」、「中華臺北」、「中國臺北」或「中華民國在臺灣」；升的國旗是有「中國國民黨黨徽圖騰」的「中國」國旗，唱的國歌是「中國國民黨」的黨歌；均是被「中國」外來政權糾結困住的徵象。這些「中國結」的國號、國旗及國歌，必須完全除去盡淨，進而更改為只與臺灣有關的國號、國旗及國歌，臺灣始能成為名實相符的獨立國家。則二二八事件在臺灣絕不可能再發生，臺灣族羣能真正「大和解」，永遠脫離「中國」的威脅，而帶來臺灣永久的和平及安全！

一九九六年一月

序三

爲歷史空白留下詳實篇章

林俊興

二二八事件是本土歷史發展過程中一件令人傷痛的大事件，對臺灣近代史發展有其決定性的影響。在過去，受限於基本國策，正統教育系統絕少提及，一般民間長者在莫名的恐懼下也刻意的迴避這個議題，因此對年輕一輩的人而言，就好像不曾發生過此一事件似的，表面上社會持續的發展，經濟也持續的進步，在解嚴前一切似乎還美好，未來也充滿了希望。

但人類文明的進展，從來就沒有停止過腳步，一個不能與時共進的社會，終究會被其他的社會所淘汰，尤其到了二十世紀末的今天，我們面對許多苛刻的情勢，例如：資源的匱乏、能源的危機、糧食的不足、氣候的異變、環境的污染等。表面上，上述的問題好像各自獨立，其實卻是相互影響，也是現今人類文明發展中，惡性循環的一體多面，在此情勢之下，國與國或社會與社會的生存競爭會更加的激烈，凡沒有辦法應付此一激烈挑戰的，就會面臨動亂、崩潰、解體，終會在歷史舞臺上消失，我們身處其中，自然也不能例外。在過去，我們雖然有相當的發展，甚至被喻為奇蹟，但過去的成就，並不能保證未來的圖存絕對沒有問題。以前我們靠的是少數菁英的領導、多數人的勤奮，但面對更嚴苛的未來，過去的結構是無法應對的，我們必須激發出多數人的自覺，創造多元多樣的發展方向，使得在惡劣的環境中，擁有更渾厚的應對能力。但是釋放個人的創造活力，必須從自由意識的解放開始，這種方式正是所有先進國家仰賴的祕訣，這種制度就叫「民主」。

所以國家社會求再進一步的發展，政治不改革，終究有其限制，故隨著教育的普及、經濟的發達、中產階級的興起，我們終於面臨解嚴的時刻，透過民主的程序，讓人民做主，導引每個人解放其自由意識，才能促進社會全面的發展。但對本土的陌生及歷史的空白，使年輕一輩在解嚴後思考及抉擇的過程中，少了一份本土歷史的依據，造成心底的迷茫，無法自我定位，使得許多年輕人在政治上，隨著政客的魔笛起舞，沒有起碼的自持能力，更缺乏自主自決的信心。在經濟上，變得短視近利，一切向「錢」看，難以了解金錢背後的真正價值。在社會上，浮面的伸張正義，高喊愛心，卻又付不出真正的關懷，遑論奉獻犧牲。在環保上，看不到愛鄉愛土的情操，使環保流於口號，無法提升到行動層次。以上種種，不過是時弊中的一角，衍生現象，不勝枚舉，令有識之士擔心不已。

現樂見由財團法人吳三連臺灣史料基金會採訪、出版《臺北都會二二八》、《淡水河域二二八》，為本土的歷史空白留下詳實的篇章，讓年輕一代的人認清我們的過去。作為一個關切臺灣未來發展的人，在此對參與本書口述歷史的人士，表示敬意與感謝。對於策劃編輯及資料整理的張炎憲、黎澄貴、胡慧玲諸君的辛勞及成果，表示慰問與肯定。對閱讀此書的人寄予最大的期盼，希望透過對歷史的重新了解，能轉化為社會再進步的新動力，共同為臺灣社會全面的發展付出一份心力。（本文作者為財團法人祐生研究基金會董事長）

一九九六年一月

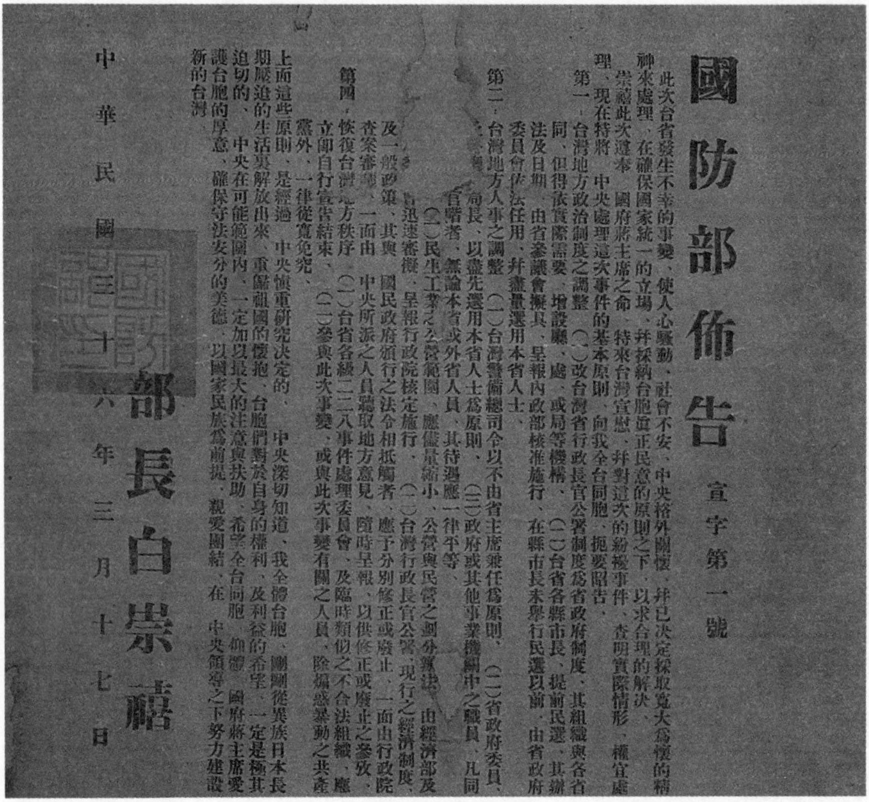
國防部佈告

宣字第一號

此次台省發生不幸的事變，使人心騷動，社會不安，中央格外關懷，并已決定採取寬大為懷的精神來處理，在確保國家統一的立場，并採納台胞真正民意的原則之下，以求合理的解決。崇禧此次遵奉 國府蔣主席之命，特來台灣宣慰，并對這次的紛擾事件，查明實際情形，權宜處理，現在特將 中央處理這次事件的基本原則，向我全台同胞，摘要昭告：

第一，台灣地方政治制度之調整 （一）改台灣省行政長官公署制度為省政府制度，其組織與各省同，但得依實際需要，增設廳、處，或局等機構。（二）台省各縣市長，提前民選，其辦法及日期，由省參議會擬具，呈報內政部核准施行，在縣市長未舉行民選以前，由省政府委員會依法任用，并盡量選用本省人士。

第二，台灣地方人事之調整 （一）台灣警備總司令以不由省主席兼任為原則。（二）省政府委員、[illegible]局長，以盡先選用本省人士為原則。（三）政府或其他事業機關中之職員，凡同官階者，無論本省或外省人員，其待遇應一律平等。

[illegible]（一）民生工業之公營範圍，應儘量縮小，公營與民營之劃分辦法，由經濟部及[illegible]迅速審擬，呈報行政院核定施行。（二）台灣行政長官公署，現行之經濟制度，及一般政策，其與 國民政府頒行之法令相抵觸者，應予分別修正或廢止，一面由行政院查案審[illegible]，一面由 中央所派之人員聽取地方意見，隨時呈報，以供修正或廢止之參攷。

[illegible]國，恢復台灣地方秩序 （一）台省各級二二八事件處理委員會，及臨時類似之不合法組織，應立即自行宣告結束。（二）參與此次事變，或與此次事變有關之人員，除煽惑暴動之共產黨外，一律從寬免究。

上面這些原則，是經過 中央慎重研究決定的，中央深切知道，我全體台胞，剛剛從異族日本長期壓迫的生活裏解放出來，重歸祖國的懷抱，台胞們對於自身的權利，及利益的希望，一定是極其迫切的，中央在可能範圍內，一定加以最大的注意與扶助，希望全台同胞，仰體 國府蔣主席愛護台胞的厚意，確保守法安分的美德，以國家民族為前提，親愛團結，在 中央領導之下努力建設新的台灣。

國防部部長白崇禧

中華民國三十六年三月十七日

二二八事件時，國防部部長白崇禧所發布的公告。

目錄

序一／建設正義喜樂的新臺灣／高李麗珍　1
序二／二二八事件給臺灣人最大的教訓和啓示／李勝雄　3
序三／為歷史空白留下詳實篇章／林俊興　7

日本統治與國民黨統治的分水嶺／張炎憲　一
一、林茂生（臺大文學院院長、《民報》社長，死難者）　二二
二、宋斐如（《人民導報》社長、行政長官公署教育處副處長，死難者）　三二
三、廖進平（臺灣省政治建設協會理事、二二八事件處理委員會糧食組長，死難者）　五二
四、郭琇琮（臺大醫院醫生、學生聯盟主席，死難者）　一〇六
五、林麗鏘（臺大電氣工程系四年級學生，死難者）　一三八
六、阮朝日（《臺灣新生報》總經理，死難者）　一五二
七、吳金鍊（《臺灣新生報》日文版總編輯，死難者）　一八四
八、蔣渭川（臺灣省政治建設協會總務組長、臺北市商會理事長、三民書局店主，受難者）　一九八
後記／張炎憲　二二五

日本統治與國民黨統治的分水嶺

——二二八的歷史轉折

張炎憲

十九世紀中葉之後，西方勢力侵入臺灣。艋舺、大稻埕成為淡水河流域的重要小鎮，臺灣物產的輸出口。臺北市的雛型因之奠立。歷經劉銘傳的建城規劃、日本的都市計劃，和國府的大臺北發展，臺北市已是臺灣政治、經濟、社會、文化的中心。

近代大都會是資訊發達、人才薈萃、輿論思想交流的樞紐。臺北近百年來，正擔負起這樣的角色。菁英匯集臺北，抒發己見，推動臺灣的變革。《臺北南港二二八》（一九九五年，本會出版）和本書《臺北都會二二八》的受訪者多從事現代新興的行業，如律師、檢察官、報業、教授、醫生、議員等。這些新職業代表新社會、新人物與新思潮。

一九四七年二二八事件中，被國民黨殺害的臺灣菁英就是這批日本統治時代產生的新人才。他們經歷變動年代的洗禮，渴望在戰後有所作為，卻不幸犧牲。

日本統治到國民黨統治

一九四七年二二八事件絕不是偶然發生的事件，而是歷史發展的必然。

一九四五年八月十五日，日本投降。十月二十五日，國府接收臺灣。統治者的旗幟改變了，但真正的改變要等到二二八事件。事件之後，國民黨極力推動中國化，加強中國教育。臺灣人歷經二二八的恐懼，從此噤若寒蟬，順應國府，不敢抗爭。二二八事件是時代的轉捩點，日本氛圍漸漸退潮，中國氣息日益加重。

三月七日，「二二八事件處理委員會」通過三十二條處理大綱和十項要求，日後被國府視為叛國罪證，以此捕殺處委會委員。縱觀其內容，並未超越臺灣人要求高度自治的範圍，也未提過臺灣獨立的字眼。

國民黨視臺灣人的抗議為叛國，實在不了解臺灣人在日治時期追求民主自治的心路歷程。臺灣人對中國政治欠缺了解，以抗爭日本人的方式抗議國民黨，自認守法合理，才會被陳儀欺騙，終遭增援軍憲殘酷鎮壓槍殺。

日治時代臺灣人的追求

一八九五年，日本占領臺灣之後，以武力鎮壓臺灣人民的反抗，粉碎臺灣民主國，壓服各地反抗勢力。臺灣人在新統治者的高壓下，被迫學習日本話、日本習俗和歷史文化。透過日式近代教育，臺灣人的眼界也漸漸開拓，認識了世界思潮和時代變局。

久蟄的心靈，一九二〇年代又漸漸復甦。臺灣知識分子赴日本讀書，看到日本大正民主的風潮，和世界各地反殖民反獨裁的革命運動，深刻體會殖民地人民的悲哀，乃興起各式各樣的運動，致力改革臺灣。

一九二一年，蔣渭水等成立「臺灣文化協會」，以文化啓蒙方式，提升臺灣人知識水準。同年，林獻堂等策劃「臺灣議會設置請願運動」，連署之後，推派代表，前往東京，要求設立臺灣議會，讓臺灣人有參與政治的權利。

由於日本的統治，臺灣社會逐漸轉型，向資本主義社會過渡。勞工、農民問題興起，糾紛爭議日漸增加。社會主義的思潮乃進入臺灣，衝擊改變了臺灣人抵抗日本的路線。

一九二五年之後，農民、工人運動勃興。臺灣文化協會的性質從單純的文化啓蒙，混合了政治運動。抗爭路線爭議不斷，一九二七年乃告分裂。同年，蔣渭水等組成臺灣民眾黨，這是臺灣歷史上第一個本土政黨。一九二八年，臺灣共產黨在上海成立，不久遷黨回臺，積極介入工運、農運和文化協會。左右競逐之下，政治社會運動分道揚鑣。一九三〇年，又有臺灣地方自治聯盟的成立，提出實行地方自治的唯一要求。

一九三一年，在日本的高壓統治下，臺灣總督府解散臺灣民眾黨，逮捕臺共分子，瓦解臺共組織。臺灣地方自治聯盟成為碩果僅存，至一九三七年，因大戰腳步迫近，才自動解散。

上述這些政治運動，除了臺灣共產黨是「非法組織」外，其他團體都經臺灣總督府的核准，公開活動，招募同志。法律明確化、執法人員秉公處理的態度，養成臺灣人的守法精神。在守法原則下，日本亦容忍臺灣人的反抗運動。

除了政治運動、社會運動之外，臺灣人也展開文化運動。臺灣畫家的水彩、油畫首次畫出臺灣山川和人物之美。臺灣文學作家以寫實的筆法，描繪臺灣社會的不公、弱小人物的無助和臺灣人在殖民統治下的悲哀。《臺灣》、《臺灣青年》、《臺灣民報》、《臺灣新民報》等雜誌報紙的創刊，和《人人》、《第一線》、《福爾摩莎》、《臺灣文藝》、《臺灣新文學》等文學雜誌的刊行，不只提供園地，促進思想的交流，也落實本土，發掘問題。這些追尋使得臺灣形象日漸凸顯。臺灣人主體意識和臺灣文化觀也日漸成熟。

在二次大戰期間，日本採取高壓手段，禁止漢文創作。上述雜誌報紙乃紛紛停刊或改組。臺灣人的聲音被壓抑了，但經過一九二〇、三〇年代主體意識的洗禮，臺灣人已與昔日不同。

重建的熱誠與絕望

一九四五年八月十五日，日本宣布無條件投降，結束漫長的戰爭。臺灣人在那歷史的時刻，心情上必定是錯綜複雜。脫離日本殖民統治固然可喜，但對未來統治者則一無所知，在焦慮等待中，期待來自「唐山」的「祖國」會給臺灣人帶來幸福。

臺灣人在守法秩序中，維持社會治安，等待國府的接收。臺灣人滿懷熱情，到基隆港、車站、馬路上迎接「祖國」的接收人員和軍隊，但看到帶雨傘、揹飯鍋、穿棉襖、軍容不整、威武不足的軍隊，一時之間，無法相信這是打敗日本的軍隊，更無法置信這是未來的統治者。

然而，臺灣人迅速抹去心中的失望感，開始為眼前所見的景象尋求合理解釋。創刊於一九四五年十一月的《新新》雜誌，撰文解釋國民黨軍隊歷經八年抗戰，兵疲糧缺，臺灣人民應該體諒「祖國」的實況，更不忘讚美軍隊的英勇，和看到「祖國」的感動。

臺灣人雖然訝異與失望，但不惜美化，視之為神兵，反映臺灣人對「祖國」的幻想與無知。

一九四六年，海外臺灣人紛紛返臺。在日本任職的臺灣人朱昭陽、謝國城、宋進英等組成「新生臺灣建設研究會」，會員包括郭德焜、曹欽源、林宗義、魏火曜、高天成等約二百人。這些人都滿抱理想，欲返臺貢獻所學。返臺不久，朱昭陽等籌劃成立延平學院，教育下一代臺灣青年子弟。可是，二二八事件之後，延平學院學生被捕殺者甚多，延平學院也被迫關閉。臺灣人自辦大學的美夢遭到嚴重打擊。

一九四五年，除了《新新》雜誌之外，陳逸松主編的《政經報》也於十月創刊。一九四六年一月，《人民導報》發行。七月，廖文毅主編的《臺灣評論》創刊，林茂生擔任社長的《民報》也創刊。九月，游彌堅主持的「臺灣文化協進會」發行《臺灣文化》雜誌，溝通臺灣和中國兩地文化，以建立新臺灣、新中國、新世界文化為其使命。

一九四五年底，蔣渭川等人籌組「臺灣省政治建設協會」。一九四六年四月，三民主義青年團臺灣區團部也召開會員代表大會，日治時代臺灣抗日運動家加入者不少。

一九四六年，團體和報紙、雜誌紛紛出現，充分顯示臺灣人對政治活動、文化活動的熱絡。臺灣人被日本壓抑五十年，一旦解放，挺身而出，熱望建設自己的家園。但在臺灣省行政長官公署統治之下，希望漸漸破滅，失望、絕望隨之而來。

國府接收臺灣之後，臺灣人除了半山的謝東閔、劉啓光、黃朝琴擔任高雄縣長、新竹縣長、臺北市長外，各縣市長都由大陸人接任。陳儀或許有保護臺灣經濟免受中國經濟波動影響的本意，但無法阻斷臺灣物資被搬往中國，充當中國內戰的補給品，致使臺灣發生米荒，物價飛漲，產生經濟危機。接收官員無視法律的存在，特權橫行、公然索賄，民怨紛起。一九四六年，漢奸逮捕涉人無數，影響民心。《人民導報》批判高雄市警察包庇地主、欺壓良民，社長王添灯乃被起訴。檢察官王育霖查辦新竹市長郭紹宗「粉蟲案」，王氏反而被逼辭職。同年布袋事件、新營事件、員林事件等官民對立的衝突也發生。

一九四六年，是臺灣人充滿理想、鬥志的一年，同時也是臺灣社會急速崩解轉壞的一年。理想與現實的差距，熱情漸漸消逝，「祖國」的夢醒了，臺灣菁英不滿國府的施政，開始批判和反省臺灣的處境。

一九四六年十月二十五日起，全面禁止使用日文發表文章，臺灣人頓時失去發言的權利。接收官員的優越感和中國文化至上論處處藐視臺灣人、卑視臺灣文化。臺灣菁英對此提出反駁，撰文申論臺灣人的風格，臺灣文化絕不亞於中國文化。這些言論多出現在臺灣人辦的報紙上，自然引起陳儀政府的不快。一九四六年的衝突已伏下二二八事件爆發的導火線。

抗爭與屠殺

一九四七年二二八事件爆發之後，三月一日，臺北市參議員、國大代表、省參議員、國民參政員組織「緝煙血案調查委員會」。三月三日，擴大編組，納入商會、工會、學生、民眾和臺灣省政治建設協會。三月五日，再擴大成為全臺性的「二二八事件處理委員會」。臺灣全島菁英幾乎都成為「二二八事件處理委員會」的成員。

「二二八事件處理委員會」介於官方和民眾之間。當民情激昂、官方無法處理時，官方希望「二二八事件處理委員會」居中調停，疏導民憤。但民眾卻希望「二二八事件處理委員會」站在民眾立場，替人民爭回公道。三月七日宣傳組長王添灯將「三十二條處理大綱」和十項要求呈給陳儀，被陳儀斷然拒絕之後，向全臺民眾廣播，即表明「二二八事件處理委員會」使命已了，今後要靠全體民眾的力量，才能解決此次事件，並達成合理要求。「二二八事件處理委員會」處境的艱難，由此可見。

三月八日下午，國民黨軍隊登陸基隆。十日，陳儀下令解散「二二八事件處理委員會」及一切

「非法團體」。三月十日之後，開始逮捕臺灣菁英。三月十三日，陳儀呈報蔣介石的辦理人犯姓名調查表共有二十名：王添灯、徐征、李仁貴、徐春卿、林茂生、宋斐如、艾璐生、阮朝日、吳金鍊、廖進平、黃朝生、林連宗、王名朝、施江南、李瑞漢、李瑞峯、張光祖、堀內金城、值崎寅三郎。四月十八日，陳儀又發布「二二八事變首謀叛亂在逃主犯名冊」，共計三十名：蔣渭川、謝雪紅、張晴川、黃朝生、王添灯、白成枝、呂伯雄、李仁貴、鄧進益、廖進平、陳屋、郭國基、潘渠源、林日高、林樑材、王萬得、潘欽信、蘇新、徐春卿、王名貴、陳旺成、林連宗、駱水源、陳篡地、陳瑞安、張忠誠、張武曲、顏欽賢、廖文毅、廖文奎。

由上述名單，國民黨預定逮捕的對象是律師、教授、醫生、民意代表、媒體工作者、三青團團員、臺灣省政治建設協會會員、學生領袖和抗日分子等臺灣菁英。這批臺灣菁英都受過日本高等教育，有過抗爭日本的經驗，或接受過抗日前輩的薰陶，深知臺灣人的願望和追求。「祖國」接收之後，他們深盼從此步入民主自由、自立自主的境地，但事與願違，乃挺身而出，以日本經驗中學得的守法合理方式，向行政長官公署抗議，要求改革，追求臺灣人治理臺灣的權利。國民黨卻視此為叛亂，調兵鎮壓，屠殺搶劫。

本書的訪問紀錄正反映二二八事件時，臺灣菁英的思想和作為，包括林茂生，臺大文學院代理院長、《民報》社長。宋斐如，臺灣省教育處副處長、《人民導報》社長。阮朝日，《臺灣新生報》總經理。吳金鍊，《臺灣新生報》日文版總編輯。蔣渭川，臺灣省政治建設協會總務組長。廖進平，臺灣省政治建設協會理事。林麗鏘，臺大學生。郭琇琮，臺大醫院醫生等。

國民黨政權的確立

日本統治臺灣五十年，確立行政官僚體制，掌控臺灣人力、物力資源，有效推動近代變革。尤其二次大戰期間，社會控制愈加嚴密，臺灣人被動員參加大東亞聖戰。

國府接收臺灣之後，大陸人士接管日本的行政官僚體系，控制警察和地方行政，支配資源分配，十足表現外來政權的性格。

國民黨是具有中國傳統性格的政黨，習於獨裁、威權與暴力。臺灣人民卻是具有民主、法治性格的國民。文化落差、價值觀念的差異，註定兩者的矛盾與衝突。國民黨藉二二八事件的機會，屠殺反抗分子，斬斷臺灣與日本的關係，且大力推動中國化政策，滲透入臺灣基層，確立國民黨統治的基礎。

臺灣菁英遭此浩劫，傷亡慘重，也對「祖國」失去信心。倖存者從此不再奢談政治，臺灣社會發生斷層，上一代的經驗無法傳給下一代，臺灣歷史文化失去聯繫。至此國民黨斬斷了臺灣人的歷史文化意識。

臺灣人費盡三十多年的努力，一九七〇年代末期之後，民主自由、獨立自主的要求再次昂揚出發。臺灣的歷史文化才再被肯定，歷史發展的動力終於重歸本土。

近百年來，臺北已成爲臺灣政治、經濟、社會、文化的中心。

林宗義：二二八事件是臺灣社會和林家家族史無前例的災難。（林宗義提供）

林茂生（臺大文學院院長、《民報》社長，死難者）

受訪者：林宗義（林茂生子）　　訪問者：胡慧玲
時　間：一九九六年一月八日　　記　錄：胡慧玲
地　點：臺北市中央研究院

父親失蹤於一九四七年三月，同年十月，大哥病重去世，隔年三月，祖母也不堪打擊逝去。一年之內，林家三代相繼凋零，使得這個家更形黯然。母親在哀傷中，仍然安慰鼓勵其他受難家屬：「要站穩一點，有一天，我們可以知道丈夫的下落，有一天，兒女長大，他們會了解二二八的意義，了解臺灣的處境，他們會知道如何做有用的好人。現在不是悲傷埋怨的時刻，要想辦法維持家庭，教育子女。」

臺南著名的窮秀才

我的父親林茂生，別號耕南，一八八七年出生於臺南，是臺灣基督長老教會早期宣教士林燕臣的長子。

林燕臣本是前清秀才，一八九八年受臺灣基督長老教會之聘，在臺南新樓擔任英國傳教師的漢文老師，教學相長之間，漸漸傾心於基督教義，因此接受巴克禮牧師施洗入教，成為臺灣早期的基督教徒，後來並走上宣教之路，專注於神職工作和神學教育，歷任臺南長老教中學（長榮中學前身）教務長、太平境教會長老、高雄州東港教會牧師、臺灣基督長老教會臺灣大會議員、書記和議長，並從一九二五年起之十年間擔任臺南神學院教授。

我們林家在臺南是著名的「窮秀才」，這種傳統應是始於祖父林燕臣。我的父親林茂生，長於漢學和神學氣氛濃厚的家庭，滿二歲即能背誦詩詞，五、六歲開始學書法，小時又隨日本曹洞宗和尚學日文，一八九九年，進入長老教中學求學，並從英國傳教師及其家眷學習英文和鋼琴、風琴。

一九〇三年，父親從長老教中學畢業，成績優異，受教會保送，赴日就讀於京都同志社中學，次年並考入京都第三高等學校，畢業後，考入東京帝國大學，主修東方哲學，一九一六年畢業，成為臺灣人第一位文學士。

父親留學東京期間，頗為活躍，一九一五年被旅居東京的臺灣留學生推選為「高砂青年會」創會會長。該會後來易名為「東京臺灣同學會」，宗旨是「涵養愛鄉心情，發揮自覺精神，促進臺灣文化的開發」，接任會長是蔡式穀、陳炘等人，可以說是日後林獻堂、蔡惠如等人在東京推動臺灣民族運動的基地之一。

一九一六年，父親自東京帝大畢業後，隨即返臺，返回母校長榮中學擔任教務主任，並教授英文，兩年後，應聘至臺南師範兼職。一九二〇年，父親任教臺南商業專門學校，並辭去長榮中學教職，改任理事長。

一九二一年，「臺灣文化協會」成立，父親被選為評議員，一九二三年起，臺灣文化協會開始在臺北、臺南等地舉辦各種講習會，父親擔任西洋歷史講習會之講師，並連續三年擔任在霧峯

臺灣第一位哲學博士林茂生。（林宗義提供）

萊園舉辦的夏季學校講師，主講哲學和西洋文明史。

一九二七年，父親被臺灣總督府和文部省遴選為「在外研究員」，赴美國紐約的哥倫比亞大學深造，成為當時著名的教育哲學名師杜威和門羅兩位教授的門生。翌年，取得哥大的文學碩士，一九二九年，以〈日本統治下的臺灣公立學校教育：其發展之歷史與分析研究以及文化問題〉之研究，獲得哥倫比亞大學的哲學博士學位，是臺灣人獲得哲學博士的第一人。

父親在哥大成績優異，校方以金鑰匙一枚相贈，杜威和門羅兩位教授也挽留他留校任教，但是父親一心想要回臺灣，他說：「做為一個學者，留在哥大，當可償平生夙志，但是每念及臺灣家鄉的那羣羔羊，我實在非回去不可。」

殖民地人的悲哀

一九三〇年，父親返抵臺灣，翌年擔任臺南工業高等學校（成功大學前身）教授，兼圖書館館長。

當時值九一八滿洲事變後，日本軍國主義日熾，再加上原有的帝國主義殖民的氣焰，父親身為一個具有民族意識的知識分子，有其難掩的苦悶。以長榮中學興學為例，父親曾告訴過我如下的艱辛。

長榮中學對父親而言，是他的母校，是他得到知識和人格鍛鍊的所在，他在長榮中學得以確認自己一生的使命。因此，他離開母校赴日留學，乃至於後來赴美國留學，他總是立即回到長榮中學任教，希望能有所貢獻。

日本政府為了控制教育，推行殖民地政策，不但不鼓勵興辦私立學校，反而用種種手段來阻撓私立學校的建設。當時，長榮中學正是日本政府的眼中釘，備受歧視和壓迫。為此，臺灣總督府還重新規定，私立學校必須有十萬元（相當於如今的十億元新臺幣）的基金，才可正式立案。

這項新規定給長榮中學帶來極大的困擾，如果不正式立案，畢業證書不被認可，學生就不能繼續升學到高等學校，於是好學生不再投考長榮，在校生又相繼轉學他去。父親看到長榮中學日漸走向衰頹，十分憂心，與同志商討之後，決定對外募款，以便立案。

一九二五年春天起，父親奔走全島，深入民間，四處演講，喚起臺灣人對日本奴化教育的認識，以及臺灣人在自由環境下接受新式教育的重要性。如是者，到了一九二六年夏天，十萬元基金不僅募足，而且超出許多。那時我年紀還小，但是我永遠記得，父親自外歸來，臉上的歡喜和感激，他說：「十萬元的目標達成了。」這是臺灣人為建立私立學校出錢的第一次。

解決基金問題之後，還有一個困境要突破。總督府規定，私立學校教員必須三分之二以上擁有日本政府核准的中學教員執照。這個條件在當時的臺灣社會，簡直不可能。中學學校的教育資格，必須是高等師範畢業，或者大學畢業，有此資格者，寥寥無幾，好比「暗暝找星」。大部分有能力就讀大學的人，大半選擇醫科或工科，很少人願意擔任中學教師，尤其是一所尚未立案的中學。不得已之下，父親與學校當局謀求長遠解決之道，決定保送學校優秀教師赴日深造，取得學位後再返臺任教。

長榮中學就是這樣，一步一步艱辛對抗日本政府的壓迫。就在大家慶幸即將可以立案之際，另一件預想不到的風波——神社參拜事件，又如暴風雨般來襲。

一九三二年九一八事變後，日本軍國主義猖厥，臺灣總督府乃強令私立中學師生必須前往日本神社參拜，以示對日本的忠貞不貳。父親基於基督徒教育家的立場，斷然反對長榮中學師生參拜神社。校方懾於殖民政府的威勢，以及學校的生存問題，擬奉命遵行。父親為此，堅辭理事長一職，以表悲憤抗議。

當年十月二十八日，長榮師生赴神社參拜，我印象深刻，父親在家哀傷，落淚不止。然而長榮中學的困頓挫敗，只是父親身為被殖民者辛酸之一例。當時父親曾做了一首七絕，抒發其抑鬱：

可無隻手挽狂瀾，歌哭終難慰鼻酸。
歲序易過人易老，空留一劍匣中寒。

一九四一年珍珠港事變後，日本在臺灣大力推展「皇民化運動」，要求臺灣人每家準備神棚，紅日旗和榻榻米，並且改日本姓，實行「國語家庭」，父親與林獻堂、陳炘等臺灣仕紳，被迫參加「皇民奉公會」。這種身不由己的痛苦，對父親而言是最大的煎熬。即使擔任皇民奉公會文化部長，父親始終未改漢姓，與家人只講臺語，不講日語。在日本殖民統治下，父親一心嚮往中國，支持蔣介石，一九三七年，南京遭日軍攻陷，父親曾寫下一首〈聞南京淪陷寄懷蔣主席〉之七律：

敢將隻手繫安危，最後關頭志可怨。
遺囑未能成革命，強鄰先已陷京師。
中山墓畔長秋草，江左營前樹旭旗。
惆悵金陵城下道，明公從此欲何之。

父親對未曾謀面的蔣介石，有愛烏及屋的深望之情，他萬萬想不到，好不容易熬過五十年的日本殖民統治之後，他卻死於祖國接收後的計劃性屠殺。

自己做主人的時代……

一九四五年八月，日本無條件投降。那年十月二十五日，臺灣歡度第一個「臺灣光復節」，父親在公會堂的慶祝晚會上，高舉手臂說：「我們做自己主人翁的時代，已經到了。」那張照片裏，父親穿著長袍馬褂，興奮自信有力的表情，我永遠忘不了。後來父親曾告訴我，那天是他一生中最得意、最快樂的日子，他終於從奴隸身分翻身成為主人。

父親舉家北遷，奉命接收淡水中學、淡水女學、神學院等文教機構，並擔任臺灣大學先修班主任，後來在羅宗洛校長邀請下，接任臺大文學院院長，同時受臺灣省政府教育廳長范壽康之聘，擔任教育甄選委員會的委員。

該年冬天，父親和日治時代《興南新聞》的臺籍新聞從業人員，合力創辦《民報》，決心啓迪民智，為民喉舌，許乃昌擔任總編輯，陳旺成擔任總主筆，父親則擔任社長。但是陳儀政府的貪污腐敗，軍紀敗壞，以及以征服者態度君臨臺灣的橫行霸道，使臺灣社會治安大壞，經濟恐慌，人心惶惶，臺灣人民陷入前所未有的黑暗深淵。父親主持下的《民報》，不畏權勢，一一忠實報導，諤諤諫言，當然嚴重得罪陳儀政府。

一九四六年七月，臺灣行政長官公署辦理國民參政員臺灣省代表的補選，應選八名，參加在南京舉行的第四屆國民參政會。父親和林獻堂、羅萬俥、杜聰明、陳逸松、吳鴻森、楊肇嘉、廖文毅等四十人參選，投票後，父親和其他同票數之人經抽籤手續後當選，但是父親為抗議國民政府的做票舞弊，於抽籤前即宣告棄權，當選後也辭退不任。父親耿介正直的個性，使陳儀政府相當不悅。

一九四六年五月，我帶著新婚妻子美貞，離開我求學、行醫前後七年的東京，搭船回臺灣。由於戰亂，那時我已和家人失去音信許久。打聽之後，我才知道父親已經遷居於錦町的日式宿舍，五月三十日，我攜美貞回錦町的家，和祖母、父親、母親及哥哥宗正、弟弟宗人、宗和、宗平、宗光和妹妹詠梅團圓。就在那天晚上，團圓飯後，父親告訴我說：「臺灣的情況，真的很糟。這幾個月來，每時每刻，所見所聞，都是壞的徵兆，都是新的痛苦……，我不得不懷疑以前的期待了。」

父親說，他們中國人口口聲聲說我們是同胞，事實上，他們對待我們，比日本人對待我們還不如。他們中國人不但沒有建設臺灣的計劃，也沒有管理臺灣人的能力，製糖會社的總經理，竟然不知甘蔗為何物，只知把糖包一船一船運往福州、上海。就是這樣，他們成羣結隊而來，利用職權，轉賣公物，侍候自己的肚皮，裝滿家裏的行囊。

父親又說，過去我們在日本殖民統治下，縱有千般苦處，總是人民守法，軍人守紀，秩序井然。現在的中國軍隊，好像戰勝國君臨戰敗國，想做什麼，就做什麼，搶東西，搶房屋，搶女人，無所不用其極。父親神情憂慮，他說：「事情若再放任惡化，不趕快解決，就要有大危機了。」

沒多久，我赴臺大醫院就職。過了幾個月，臺灣社會和我的家庭，發生了史無前例的災難。

父親的憂慮與期待

一九四七年二月二十七日傍晚，延平北路發生菸販林江邁事件，當晚，衝突持續擴大蔓延。父親在民報工作至很晚才回家，看起來很憂慮，他說：「我希望這場與專賣局的衝突，不要引發更嚴重的暴動與混亂。臺灣人對於重大動亂毫無準備。」

二月二十八日早上，我在臺大醫院當值，學生與同事來催我到醫院外看民眾在行政長官公署前遊行抗議。遊行隊伍有年輕的人，年老的人，成羣結隊，有人頭上紮著布帶，有些隊伍由鑼鼓帶隊，有些人則舉著布條，要求嚴懲毆打菸販和槍殺民眾的公賣局專員，有些人則要求公賣局和政府的行政改革。

忽然間，不遠處的行政長官公署樓上架起的機關槍，朝街道上的民眾掃射，民眾立刻驚叫四散。

大約一、二十分鐘後，一羣年輕人擡著受槍擊的民眾朝臺大醫院奔來，所有的醫護人員都被召回，等著急救更多的傷亡。當天有不少年輕的職員和學生都來報告臺北和其他城市隨後發生的情況，大家都很激動，也為臺灣人的英勇感到驕傲。

當晚，父親依然因在民報工作而遲歸，晚餐後，他問起我們一天的見聞。我們兄弟的報告約略是毆打事件的描述和民眾攻擊警察局的風聞等，重點是明明白白告訴大陸人，不要再把我們當作是二等公民或未受教育的村夫。從一九四五年十月國民政府接收之後，我們已經受夠了貪污和獨裁統治了。

父親顯得很憂慮疲憊，他說，這種種加諸大陸人和政府機關的暴力行動，是人民的幻滅和強烈挫折感的表現，他們已經沒有其他方式來表達或發洩憤怒，但是，作為有效的政治行動，卻是沒有意義的。父親質疑，為什麼我們在報紙上，在會議上，做了多少批評，政府的貪污和暴政，始終一點都沒有改變。

關於未來的發展，父親說，他希望這場暴動，不要蔓延太過分。暴力越惡化，越擴張，臺灣人就要忍受越多的犧牲。因為，第一，我們「朝中無人」，在政府裏，沒有一個夠力的人為我們說話。第二，我們「身無寸鐵」，沒有武器，如何暴動?第三，我們是「烏合之眾」，沒有組織也沒有紀律，不能成為有效的羣眾。

接下來的三天，「二二八事件處理委員會」成立，總部設於公會堂（如今之中山堂），父親受邀到市政府、公會堂和臺灣大學開會。因為警察和公務員紛紛逃亡和躲藏，許多佩戴臂章的年輕人和學生在市區內巡邏，維持秩序。

三月四日，我問父親情況如何。父親說，在二二八事件處理委員會方面，因為他被邀擔任主席，去發表了簡短的意見，他希望大家的目標是長程的，使臺灣真正重建。父親很憂慮處理委員會是羣龍無首，臺灣大學則是秀才造反。

三月五日，臺大醫學院的大瀨貴光教授找我談話，他告訴我從前他在中國時的經驗，以及他對在臺政府、軍隊領導人的認識。然後他鄭重勸告我：「林醫師，你父親很危險，叫他先避一避，不要留在家裏，直至事件完全過去。」我很吃驚，說：「他並沒有做什麼不法之事。」

大瀨教授說，你要記得，這個政府是軍閥政府，他們什麼都不在乎，只是在乎他自己的權力、貪婪和面子。經過這次事件，臺灣人已經威脅到他的權力，也使他失去面子，他不會原諒臺灣人的。他的報復一定是迅速、嚴酷，而且不容辯解的。

當晚，我把大瀨教授的話轉告父親，父親說：「我一生沒做過什麼非法或敗德的事，為什麼要躲藏起來？」父親同意大瀨教授的看法：陳儀政府在拖延時間，等軍援到來時，就會痛擊臺灣人。

接下來兩天，各地仍然傳來臺灣人民英勇反抗的事蹟，也有謠言指出，蔣介石即將派軍隊來臺灣鎮壓。三月七日晚上，甚至說中國的軍艦已經快要登陸基隆。

三月八日，我又遇見大瀨教授，他問及父親，知道父親仍然照常忙碌工作，他頗不高興。他再次警告我，不要低估國民黨的力量和殘忍，他說：「你們面對的是軍事武力和恐怖分子。」

三月九日，早上六點再度戒嚴。臺北的氣氛完全改變，中國軍隊重新占領曾經一度被臺灣人接管的電臺、火車站和政府機構，二二八事件處理委員會也被下令解散。當天下午，父親提早回家。用過晚餐後，我建議父親到我的住處坐坐。散步時，我們談了許多，重點是「二二八事件後，臺灣前途將會如何」，約略可以分為以下三方面，第一，他對二二八事件起因的看法；第二，事件對臺灣前途的衝擊；第三，可以樂觀的因素。

父親的結論是，「臺灣光明前途的唯一希望，就在於教育。教育的真正意義，在產生社會上負責的公民，他們有能力，並樂意擔負自己的角色和任務。」

三代凋零的悲劇

三月十一日上午，一輛警備司令部派來的黑色轎車來到父親的家，四名武裝人員在外監視，兩名穿中山服，佩戴手槍的大陸人進入屋內，對父親說，臺大校長有口信要給他。父親與來人交談了幾分鐘，就走入臥房換衣服，取出皮包和印章交給母親，說：「我去見陳儀。」在六名佩槍人員的陪同下，坐入黑色轎車離去。

母親立刻派人來找我，討論應如何是好。我們立刻決定，母親去拜訪臺大校長陸志鴻，因為來者是以校長差使的理由進屋的。母親見到校長時，校長堅決否認曾派任何差使。

我則拜訪臺灣省參議會議長黃朝琴，黃朝琴聽到父親被綁架的事情，顯得很吃驚，他說他會去問問陳儀和柯遠芬。

隨後我又折去北一汽車行詢問黑色轎車之事，老闆說，那輛車子確是他們所有，但早被警備總部徵調做公事之用。

我們繼續奔波打聽父親的行蹤，先後拜訪劉明朝先生、陳逢源先生，得到的都是搖頭嘆息的答案。

當天晚上回到家裏，母親先是靜默禱告，繼而說，她有很重要的指示要告訴我。

母親說，早在戰爭期間，父親就曾和她討論。她說：「你父親說，他那一付骨頭要交給你。」我很驚訝，因為這麼重大的責任，習俗上都是交給長子負責。

母親說：「我知道，你是次男，可是你父親要你來做。你大哥一向病弱，長年臥榻，我們不要增加他的負擔。而且我們知道你很堅強，希望交由你負責。」我點頭同意後，母親

林茂生的最後攝影，沒隔多久，他就死於祖國之手。（林宗義提供）

繼續說：

「你父親最憂慮的是『父老子幼』，祖母已近九十高齡，我也五十二歲了，你之下還有五個弟弟，一個妹妹，小弟七歲，小妹十一歲，你的大哥病重，宗昌還殘廢，這些責任都落在你身上了。」

我說：「請放心，我和美貞一定盡全力。母親，請不要擔心。臺大的薪水並不多，但是只要我有什麼，我每個弟妹就有什麼。」

最後，母親說：「你父親為何被捕，我並不知道。我很希望他能夠回來，如果他再也不能回來，你要謹記中國軍閥抄家滅族的習性和作風，我希望你特別保重。現在你是林家最要緊的樑柱，負責林家的十一條命，再加上你的第一個小孩就要出生，你要時時刻刻提防抄家滅族的危險。」

為了尋找父親，我們不曾放棄任何途徑。楊亮功、白崇禧來臺，我們託人去見他們，也沒消息。楊亮功問陳儀，陳儀根本否認逮捕林茂生。白崇禧返回大陸後，母親還寫信給白崇禧和蔣介石，向他們要人。母親堅持自己署名寫信，她說：「宗義，我不要用你的名字，他們不敢對我怎麼樣。」但是所有的信件和詢問，都沒有答案。

絕望中我們依然四處奔波，一聽到風吹草動，就飛奔前往，如是者先後往返於保安司令部、軍法看守所、三張犁兵工廠，都沒有消息。又聽說南港橋下浮現八具屍體，吳鴻麒夫人就是在那裏找到吳伯父的屍體。我們抱著憂懼交雜的心情，前去南港橋下認屍，也找不到父親的身影。

母親曾去找林獻堂先生，商量如何因應後事，如何敦促陳儀政府知所悔改，追查真相，釋放被捕者，平反冤死者，使生者死者兩相安心，終止社會恐怖氣氛。

林獻堂先生說：「這是我應該做的，能做到幾分，我沒有把握，但我會盡量做。」

母親返家後告訴我兩人會晤經過，她眼淚流個不停，說：「獻堂先生這樣說，是很悲觀的看法，我們必須準備長期應付暴力政權。」

父親失蹤於一九四七年三月，同年十月，大哥病重去世，隔年三月，祖母也不堪打擊逝去。一年之內，林家三代相繼凋零，使得這個家更形黯然。母親在哀傷中，仍然安慰鼓勵其他受難家屬：「要站穩一點，有一天，我們可以知道丈夫的下落，有一天，兒女長大，他們會了解二二八的意義，了解臺灣的處境，他們會知道如何做有用的好人。現在不是悲傷埋怨的時刻，要想辦法維持家庭，教育子女。」

其實，一九四九年蔣介石初初撤退來臺時，母親曾對蔣介石抱有一絲希望，期待他能還給臺灣人真相和公道，沒想到他非但沒有平反臺灣人的冤屈，反而加劇白色恐怖，母親的痛苦因之日甚一日。直到一九五〇年六月十二日，陳儀以「通匪」的罪名，而不是二二八屠殺的罪名，被槍斃的那一天，母親看不到蔣介石有任何表示歉意的意圖，她僅有的期待，終告瓦解無存了。

母親終生思念父親

母親王采蘩，出身嘉義王家，是清國水師提督王得祿的後代，嘉義公學校畢業後，北上就讀臺北

林茂生與王采蘩的結婚照。（林宗義提供）

國語學校附屬女學校（臺北第三高女之前身）。一九一二年，赴日本津山就讀，是臺灣第一位留日女學生。一九一六年，母親畢業返臺，次年與我父親結婚。

林家是臺南出名的窮秀才家庭，父親又是日本政府聘請的第一位臺灣人文官，母親不論在持家方面或社會期待方面，都承受很大的壓力。後來我常常想，嫁給林茂生，其實是很辛苦的事，簡直是終生勞役。從很小的時候開始，我就親眼看見母親用父親薄薄的薪水袋，變魔術般的化無為有，養家活口。

印象中，父親生前，家中賓客常滿，學生、朋友、同事四時過往，天南地北，縱橫一番，賓主忘時，家中幾乎天天留客吃飯。有時米缸沒剩幾粒米了，父親照樣熱情留客。母親則不吭聲在廚房變魔術，一件件陪嫁首飾變成錢，買米買菜回來下鍋。

一九二七年父親赴美深造，日本政府給的獎學金是一年一萬日幣，因為日幣貶值，獎學金在美國不夠用，不足之處，是母親在臺灣東湊西湊寄去。父親拿到哥倫比亞大學碩士學位後，繼續攻讀博士，整個留美計畫從一年延長為兩年半，多出來的費用，也是母親在臺灣籌措。財務拮据幾乎是林家的印記，父親留美所遺留下來的債務，一直到一九四六年，因為通貨膨脹所致，才告還清。

母親很重視我們的精神和身體的平衡發展，從我們四、五歲開始，她就親自訓練我們走路、慢跑和馬拉松長跑，也常常陪我們讀書，讓我們在不知不覺中，養成自發性讀書的習慣，養成自動在書本裏找解答的個性。在成長過程中，母親是我們最好的夥伴，因此在日常生活起居裏，我們有共同的話

一九六七年，林宗義全家遊歐洲。（林宗義提供）

題。我曾聽她對朋友說：「茂生和我要與子女一起成長。」意思是與子女分享所思所感所言所行所憂。

這句話所隱含的家父家母的教育思想，影響我們至深，我永遠忘不了那段與父母讀書的日子。

一九六七年，為了慶祝母親七十大壽，當時我已任職日內瓦的聯合國世界衛生組織，我特別安排了三星期的旅行，以維也納為中心，漫遊德國南部、奥地利和瑞士，我的子女每人畫分責任區，負責收集各地的資料，並且充當教師和導遊。那次旅行母親特別高興，像個小孩，一一細問。母親常問我：「你父親來過這裏嗎？」

我說：「我不知道。」

她總是低聲自言自語：「他應該來過。」

母親很想去柏林，她說：「你父親在柏林大學演講過。」那次受邀演講是一九二九年父親取得哥倫比亞大學博士學位，由美國繞道歐洲返臺之事。

我於是漸漸明白，母親想利用這次的旅行機會，重踏父親當年的足跡。

一九七六年，母親於溫哥華我的住處去世前，身體十分衰弱，不太能言語。我的弟妹和子女紛紛從各地趕至，圍繞在她的床前。我要家人一一與母親握手，我則俯坐在旁，貼在她的耳畔，為她解說。母親閉著雙眼，輪流與子孫握手，與子孫祈禱。

臨終前，她握住我的手，輕聲說：「宗義，我真想念你父親。這三十年來，我每天都想念你父親。我很高興，我就要去見他了。」

宋洪濤：我是水深火熱過來的，一輩子勞碌命。（張炎憲攝）

宋斐如（《人民導報》社長、行政長官公署教育處副處長，死難者）

受訪者：宋洪濤（宋斐如子）　　訪問者：張炎憲、黎澄貴、胡慧玲

時　間：一九九四年七月二十六日　　記　錄：胡慧玲

地　點：臺北市建國南路宋宅

父親被捕那天，我也在場。約略是下午兩點半，父親在家裏睡午覺，我無聊，倚靠在窗口往外邊看。一會兒有人撞門，女傭去開門，立刻有人撞進來，拿著槍就抵著她的肚子。父親聽到門口的喧鬧聲，半醒半睡中，看傻了眼，問說：「什麼事情呀？」他們馬上靠過來，說：「請你上車。」當場就把父親押走了。那時父親還穿著睡衣。

我親眼看到兩個便衣拿著短槍，把我父親架出門外。外頭有黑色轎車接應，門外還站著兩個或四個人，父親被押上車，立刻被他們用黑布蒙上雙眼。車子開走後，三媽隨即追出去，記下了車號。

臺南囝仔，北大畢業

我的父親宋斐如，原名宋文瑞，臺南縣仁德鄉人，民前九年生。青年時期赴中國大陸，改名宋斐如，就讀北京大學經濟系第十九屆，後來我查他的資料上寫著他是「福建同安縣人」，可見當時他的民族主義思想很強，才可能在日治時代，冒著危險到中國讀書。一九二四年起，他擔任《少年臺灣》主編。北京大學畢業後，曾在馮玉祥將軍那裏講學，中日戰爭時，擔任中蘇友好協會幹事，一九四二年起，擔任中國國民黨臺灣省黨部幹部訓練班教育長。

戰後，父親返回故鄉臺灣，被任命為臺灣省行政長官公署教育處副處長，是戰後初期行政長官公署高層官員中唯一的臺籍人士。

因為戰爭的關係，我父親在大陸前後娶了三個太太，三個太太都是明媒正娶，法院公證的。我的母親傅彬彬是原配夫人，他們倆在北京相識，都是北大同學。大概是舅舅做的媒，舅舅也是北大的，後來又去日本讀書。母親就生養我這麼一個兒子。我外祖父是滿清的官，母親是什麼「格格」，可能因為滿洲人的血統，我們頭髮都是棕色的。父母親結婚以後，父親離開淪陷區，我自己從一九三四年出生後，一直和母親、舅舅住在北京外祖父家。老家房子很大，四合院，比延平中學還大。印象中門口有對石獅子，我小時候常在門口摸獅子玩，摸得石頭都光溜溜的。舅舅還經營丙子牧場，養荷蘭牛。牛奶好壞，我一喝就知道。

戰前母親從大陸回來過臺南老家，因為語言生活習俗相去太遠，住不習慣，才兩、三個禮拜，就吵著回大陸。

我年紀小，不太記得，聽說母親脾氣很大，七七事變時，不曉得為什麼，氣死了。淪陷區和大後方音信不通，也沒聯絡上我父親，母親的棺材一直停留在廟裏。勝利後，舅舅聯絡上父親。沒多久，父親和陳儀、林頂立、黃國書等人第一批來臺灣，安定之後，才寫信到北京，一九四五年託我二舅舅帶我回臺灣。到臺灣後，因為舅媽生病，舅舅又趕回北京，此後我們就失去音信。

父親可能在重慶與二媽陳燁結婚的，兩人育有一子二女。至於三媽區嚴華，兩人大概是在廣州或香港結婚。父親一度在廣州工作，住三媽家，兩人才相識。三媽是廣東人，中山大學法律系畢業。戰後父親返回臺灣就職，就是帶著三媽和小孩同行。到臺灣以後，安定下來，才聯絡上二媽，並且安排她到中廣公司大陸部上班，負責接收和監聽大陸的廣播。最後才託舅舅把我從北京接到臺北，和三媽住一起。

一九四七年三月，父親於二二八事件中被逮捕，一去不返。一九四九年，三媽區嚴華因為幫助建國中學校長、《人民導報》主筆陳文彬全家逃離臺灣，同年九月被捕，次年以「匪諜罪」槍決。

那時史稱「白色恐怖」，我記得臺北火車站好像貼有大字報，寫著「匪諜區嚴華今天下午在馬場町槍決」幾個大字。槍斃前，她和基隆中學校長鍾皓東的太太蔣碧玉關在同一間牢房。三媽死時，我才十六歲，中學都沒念完，處境如此，人見人怕，沒有人敢靠近我，連親戚都一樣，放我自生自滅。

宋斐如與妻子區嚴華，前者死於二二八事件，後者死於白色恐怖。（宋洪濤提供）

親眼目睹父親被捕

我和父親相處的時間很短，在臺灣住一起，前後不到兩年。那時候我們住新生南路幸安國小附近的房子，平常他在《人民導報》上班，晚上回到家裏也是很忙。印象中家裏常有客人來訪，父親總是說：「我們談事情，你到你房間去。」新生南路的屋子很大，一百多坪，有兩個客廳。客人一來，我就到後面房間去。

原本我不會講臺灣話，現在會講，是被現實逼出來的。我剛到臺灣時，很土，念建國中學初中部，老是穿中山服和外省小孩在一起。讀建中時，分到軍官子弟的外省班，班上同學有謝東閔的兒子。那時他家還沒有車子，是我家司機接送我上下學時，順便接送他的。在建中讀書，不覺得有什麼省籍問題。等父親出事以後，我轉到基隆水產職業學校，老師的素質就不一樣了，三句話裏頭，一句臺灣話，一句日本話，和一句國語。

父親在家裏都講臺灣話，女傭和司機也都是講臺灣話。至於公開演講，視情形而定，北京話和臺灣語，他都能講。父親很能講，上臺演講不必準備稿子。他罵王民寧罵得很兇，以致後來王民寧公報私仇。

我並不清楚父親到底忙些什麼，記得有一次和父親的司機閒談，劉司機說，陳儀找我父親去講話，陳儀告訴我父親說：「給你兩條路走，第一，你繼續當你的教育處副處長，第二，你到報社去。」

結果我父親回答說：「我教育處副處長不做了。」於是免職。《人民導報》慶祝一週年時，父親也去了。人家說陳儀臉上掛不住，父親就此惹禍。父親做人很直，對就對，錯就是錯。因為辦報，常批評時政，得罪了陳儀、柯遠芬等人，二二八事件後，他們藉機公報私仇。那時候的恐怖，你們現在的人不會了解。

當時三媽還在行政長官公署法制室任職。她看情勢不對，常要父親「乾脆回大陸算了」。父親說：「我剛回臺灣，事情還沒做，要我怎麼走？」

這句話講完後第三天，晚上就聽到部隊結集的聲音。三媽說：「奇怪，怎麼有軍隊的聲音？」之後再三天，便衣就來捉人了。

父親被捕那天，我也在場。約略是下午兩點半，父親在家裏睡午覺，我無聊，倚靠在窗口往外邊看。一會兒有人撞門，女傭去開門，立刻有人撞進來，拿著槍就抵著她的肚子。父親聽到門口的喧鬧聲，半醒半睡中，看傻了眼，問說：「什麼事情呀？」他們馬上靠過來，說：「請你上車。」當場就把父親押走了。那時父親還穿著睡衣。

我親眼看到兩個便衣拿著短槍，把我父親架出門外。外頭有黑色轎車接應，門外還站著兩個或四個人，父親被押上車，立刻被他們用黑布蒙上雙眼。車子開走後，三媽隨即追出去，記下了車號。

那時民間電話很罕見，但我家有電話，當天電話一直都打不通。母親想要找柯遠芬要人，但電話打不通。要找王民寧、找張子斌，都沒辦法打。時值戒嚴時期，車輛沒有通行證是不能出門的。過不

宋斐如臺北住家，在此，他被武裝便衣強行押走。（宋洪濤提供）

久，四處打聽，聽說父親可能關在西寧南路那裏。

印象中，大人沒天沒夜忙著找人，叫我們小孩別管，乖乖在家。其實三媽對我還不錯，差不多把我當成她親生的兒子。

找了許久，一直都沒有下落。寫陳情書時，已是魏道明接任省主席的時候了。魏道明擺明了一問三不知。我也曾託人寫信給省政府和警備總部，要找我父親，但是省政府不承認有這個人。

人海孤雛自生自滅

父親出事後，家族曾召開會議，證人是陳文彬，寫了分家單。家族會議時，我不在場，圖章也是他們偷刻的。分家單上寫著新生南路的房子歸三媽、弟弟和我，杭州南路的房子則歸二媽和三個小孩。

沒多久，陳文彬舉家逃往香港，聽說是三媽幫忙的。三媽從香港回來時，就被捉了，好像說從她的袋子裏找到一兩本大陸的書，就把她人先扣起來，再查。至於《人民導報》，父親出事後，就查封了，後來曾一度啓封。母親出事後，又沒收了。

父親出事以後，廣東的外公外婆過來臺灣住，幫忙照顧家裏。三媽幫我轉學到基隆水產職業學校，不到半年，一九五〇年年底，她自己也出事了。隔了幾個月，她因陳文彬案被槍決於馬場町。整個案子，完全沒經過司法審判，就槍斃了。情治單位為了做成績邀功，亂捉人，製造了很多冤案。

《人民導報》社址，前後兩任社長宋斐如和王添灯都罹難於二二八事件。（宋洪濤提供）

同志，同志，相煎何太急。
（宋洪濤提供）

三媽被捉以後，家人很害怕，趕緊燒文件，所以現存的資料很少。

接下來的日子，外婆的臉色就很難看了，她眼中只有自己的孫子，看我很刺眼，很彆扭。我也被她整得一塌糊塗。新生南路的房子，是在我和弟弟的名下，被外婆偷賣掉，帶著三媽的兒子，偷偷跑到基隆上船回香港。

怎麼辦？我一個人孤伶伶被丟在臺北。三媽出事以後，照分家單上規定，二媽要撫養我到成人。

由於以前的種種摩擦，她待我像仇人一般，晚上大門一鎖，我根本進不去。

至於我父親這邊，上一輩的人，原本拿我當外省人。我也很少回去臺南，講話不通，臺灣話我聽不懂。父親死了以後，我更嘗盡人間冷暖。連父親的司機也不敢靠邊，怕惹禍。

我才十六歲，原本過的是十足的少爺生活。出事後，腦筋裏第一個念頭是，沒辦法讀書了，趕快學一個技能混飯吃。

我剛回臺灣時，整個人是外省人的模樣。回到南部，連親戚也說我是「外省囝仔」。雖然是二二八家屬，和本省人總有道牆隔著。找工作時，「你是外省人，我不雇用。」二媽常把我鎖在門外，我只好在臺北火車站的木椅子上睡覺過夜，一會兒憲兵、警察來問東問西，夏天天氣熱，就搬至新公園石板椅上睡。

多年後，我回想二二八事件的前因後果。二二八到底怎麼發生的？國民黨剛來臺灣時，外省人當權，正官都是外省人，很囂張，看不起臺灣人。我父親算是臺灣人裏官最大，也只是副主管，忙得要

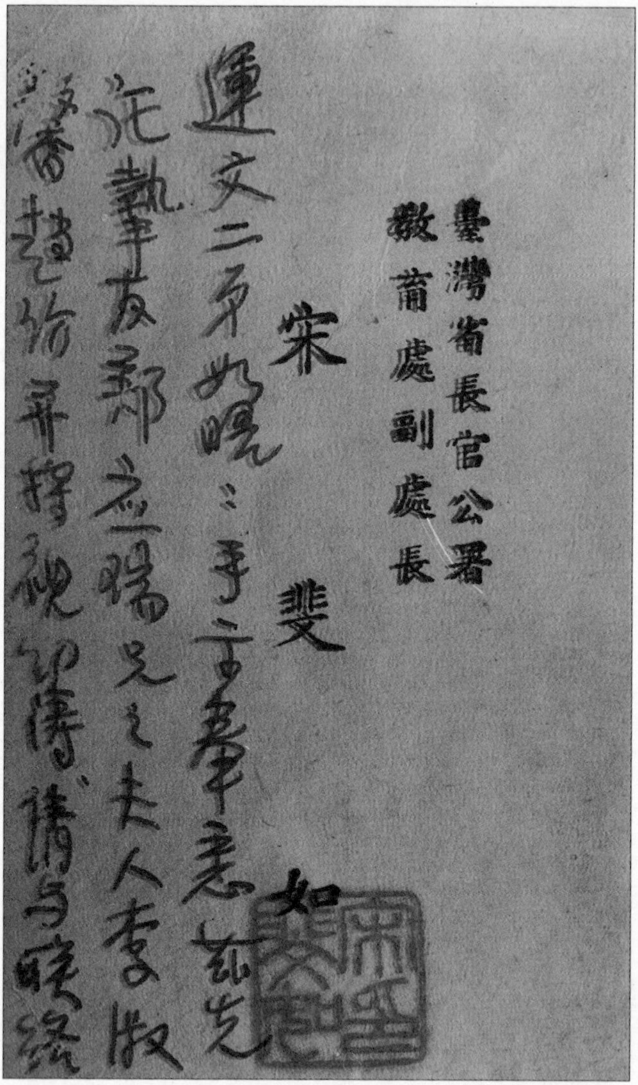

宋斐如是行政長官裏官階最大的臺灣人。（宋洪濤提供）

死，常常半夜一兩點才從公廳回家。我記得，有時他回來會發牢騷，說：「這件事明明不該我做的，為什麼叫我做呢？」

父親曾在香港辦過報紙。戰後回臺灣，對本省人的不滿，很有同感，再加上那時大陸派來的軍隊不是正規軍，為非作歹，魚肉百姓，長期壓迫之後，臺灣人就反抗了。好巧不巧，緝菸事件發生在延平北路，那裏是流氓雜居之處，最容易惹是生非。

其實先前在臺北火車站公路局東站也曾發生過緝菸事件，也是老百姓擺香菸攤，稅務人員佩著槍去查緝，其實只是想藉機揩揩油。賣私菸的認為，我再怎麼賣，都不夠您揩油拿包菸。雙方就打起來了，還打死人。車站旁踩三輪車的車夫看到了，說：「你怎麼打死人？」那時氣憤的風潮就開始鼓動了。

不過此事沒登上報紙，一般人並不曉得。那時我在建中，差點被揍。運氣很好，我剛出校門，我父親的劉姓司機，在門口叫住了我，馬上騎腳踏車把我載回家，否則我一定被踢到水溝裏去。同班同學倒不會打我，但別班的會打我。因為我講話像外省人，臉也是外省臉。直到現在，如果我不講，別人都當我是外省人，口音、舉動，根本就是「阿山仔」。

人情冷暖處處碰壁

反正，三媽死了以後，我的日子是東一天西一天，有時去親戚家，他們隨便塞個二十元，叫我趕快走。我一個人無依無靠，南部父親的親戚也沒人管我。我處處碰壁，沒有技術，也沒有學歷，當時更沒有半工半讀的機會。

走到絕路時，我就上門去找父親當年舊識。《公論報》社長李萬居，《國語日報》洪炎秋，我都找過。但是他們都往外推。我不是傻子，當然懂。李萬居對我說：「乾脆你到我報館，幫忙擦個桌子倒個茶水。」我心想，我是個堂堂的少爺，家裏幾個女傭侍候著，連手帕襪子都經過她們的手，我會做這種事？

我還有少爺脾氣，一聽不爽，轉頭就走。我又去找王民寧，王民寧說：「你去當兵最好。」他要我在部隊裏慢慢升。我立刻頂他一句，我說：「國家需要我的時候，我自然會去。」就走了。

我也找過謝東閔，當時他當教育廳長。教育廳大門口是現在的監察院，我一去，本來希望他拉拔我一下，讓我在教育廳當個辦事員，好半工半讀。話才說完，他一推二五八，叫我去找我姊夫。

二十年後，謝東閔的手被郵包炸了之後，便衣還來我家門口監視，一直監視到破案。以前，警察常來我家查戶口，每次國慶閱兵，都來我家查戶口。鄰居都不查，光查我家。直到蔣經國死去，解嚴之後，才停止。這都是後話了。

會找上謝東閔他們，已經沒辦法了，要先解決民生問題，否則每天飽一頓餓一頓。會去找他們，也是因為親戚都避我遠遠的。父親的臺南親戚，是苦哈哈的赤腳農夫，對我很冷淡。

碰壁碰多，我狠了心，決定以後再也不去找他們了。好巧不巧的，我剛好流浪到新竹香山的青年軍那裏，和他們湊在一起，認識一個開車子的人，他知道我的情況，於是介紹我去汽車裝潢店當學徒。我去了，當了學徒一陣子，生活才有個穩定處。那時候，和流亡學生在一起，我曾加入國民黨。五〇年代，入黨是一種時潮。黨證掉了後，就不再參加。

宋洪濤早年是少爺，一夕之間卻成為人海孤雛，嘗盡苦楚。（宋洪濤提供）

當學徒，等於整個人賣給老闆，完全沒有自己的自由。一個月六十元的薪水，有十五天要上夜班。我說：「我怎麼半工半讀？」老闆說：「如果你要半工半讀，幹嘛來這？」

結果我做汽車裝潢，一做就十二年。那時候這行業人很少，全臺灣不過一百多家，還分派系，分上海派和臺灣派。我一直屬於外省派，外省人也當我外省人。即使我說我是本省人，他也說：「你開玩笑，打死我都不相信你是本省人。」

我在這行，也做得小有名氣，很風光的。比方說，裝潢美軍的吉普車，外省人還排隊看我們怎麼做。我做過宋美齡的轎車沙發椅，做過國防部長俞大維的車子。那時候一般車子沒有冷氣，他的座椅可以前進後退上升下降。連蔣介石兩部開導車，也是我做的。憲兵在我旁邊站了兩天岡，看著我做。那時我生意很好，空軍總部藍色吉普車，全都經過我的手做的，而且是用飛機運來臺北給我做，做好再運回去。

直到裕隆汽車廠大量生產椅套，我才不做汽車裝潢，改行做樂器套。

年輕時，我只顧著玩，不知天高地厚，三十歲才結婚，太太是高雄人。我始終閉口不談二二八，不談一切，連我太太都不知道這件事。一直到兩三年前，阮美姝來找我，我才第一次開口重提往事。阮朝日和我父親相熟，以前都是報界的人。我還記得那時蔡子民騎腳踏車採訪新聞，筆鋒很厲害。

最在乎父親的清白

關於往事，我也不是害怕，只覺得自己生不逢時，生活好像在一剎那間從天上掉到地下來。我是在水深火熱中過來的，一輩子勞碌命。後來很少去找這找那的，怕惹是生非。家裏曾經發生那麼悲慘的事，我再也不敢。所以有關政治或二二八的遊行演講，我都沒去。我的子女也沒興趣，他們說：「那是上一代的事。」他們認為這是個靠自己本事和實力的時代，活著主要的目標是賺錢，對事不對人。他們這一代的人，對上一代很冷淡，一翻兩瞪眼的態度。

至於二二八的賠償，金額多少，我覺得比較次要。反正我白手起家，現在也有自己的房子。我最在乎的，是我父親的清白。四十幾年，我連父親的神位都沒有，他失蹤之後，連個屍首都沒有，我要祭拜他，都沒法子。

但我確信他死了。我的老二剛出生時，有一夜，我從醫院回來帶大兒子回家，那時候我在和平東路租了一間違章建築住著。回到家，一開門，我大兒子看到一個人影，他說：「爸爸，一個人。」我沒看見，但也嚇毛了。小孩子指著違章建築的閣樓天窗說：「他出去了。」後來大兒子老是夜裏哭，說：「那個人又回來了。」於是我睡床，他睡榻榻米。夜裏我夢見我父親，我說：「您回來了？」父親告訴我說：「我回來一個星期了。」他問我：「你媽上哪去了？」他指的是二媽。我說，到美國去了。他又繼續問這問那。

後來孩子調皮，我一打，頭就疼。我心想：「爸在責備了，孩子不是這麼打的。」以後我就不打了。

於是我確信，父親死了，他來過這個家。

就二二八家屬而言，我要求的是，政府公開道歉和認錯。我要大家知道，錯在國民黨，我父親不是壞人。經過這麼多年，有什麼好講的。苦的都過去了。錢，再多，能拿得走嗎？錢不值什麼，人才重要。賠償只能說是給苦難的人精神上一些安慰。有人確實家裏很苦，急需要錢。我有三個孩子，已經長大了，我無所求。不給無所謂。給了我是白賺。我當然拿，不拿，國民黨才樂呢！

國民黨來臺灣，一黨專政，燒殺擄掠，樣樣都來，給人印象很壞。

四年前，我去大陸找我舅舅。比起以前，他們當然落魄了，雖然家裏還有傭人，生活還過得去。他說：「總而言之，你們前進了二十年，我們後退了二十年。」我問他，為什麼當年把我送回臺灣？他說：「不送你回去，文化大革命時，你也不好過。」人生就是如此。

廖德政：二二八善後，最重要的不是賠償金額，而是真相和平反。（張炎憲攝）

廖進平（臺灣省政治建設協會理事、二二八事件處理委員會糧食組長，死難者）

第一部分

受訪者：廖德政（廖進平長子）
時　間：一九九四年六月十七日
地　點：臺北市濟南路廖宅

訪問者：張炎憲、黎澄貴、胡慧玲
記　錄：胡慧玲

二二八事件後多年，我的畫風陰暗，後來才漸漸明朗，尤其是一九七〇年以後比較開闊明朗。一九四六年四月，我回臺北，看到觀音山，青翠的山和水，頓時流下眼淚。臺灣的山水，的確和東京不一樣，我心想，這才是故鄉。後來我住天母多年，每天上班前，都要擡眼看看觀音山。父親失蹤於觀音山下的八里坌，觀音山對我和父親，都有特別的意義。我畫了二十年的觀音山，希望有一天，父親終於能夠回來。一方面，我借這個景表達我思念父親的心情，一方面也表達我對自然的尊重和愛心。

我是廖進平的長子廖德政，從小我在老家豐原長大，公學校、臺中一中畢業後，赴日本求學。戰後，一九四六年四月，我才從日本回來。二二八事件發生時，我離開臺灣已有六、七年，對事件的來龍去脈和父親的詳細經歷，並不清楚。倒是弟弟廖德雄一直跟隨父親身邊，並且參加學生隊，對二二八事件與父親的想法和行動，都比較了解。這是我第一次接受有關二二八事件的訪問。

立志當畫家

我從臺中一中畢業，搭船前往東京讀書。當時，鄉下人能夠讀中學的，非常罕有。臺中地區只有一家中學，就是臺中一中，日本人讀臺中二中。至於高等教育，當時臺灣只有臺北醫專和臺北帝國大學，一般家庭喜歡讓子弟讀醫專或讀電氣機械工程。醫專的招生，對日本人有優待，給臺灣人的名額比較少，大部分的臺灣子弟只好去日本讀醫大或醫專。日本本土對臺灣人沒有差別待遇，臺灣本島反而有差別待遇。

我赴日本求學的時間，正好是大戰前兩年。過了兩年，珍珠港事變發生，日本和美國開始打仗。可以說，戰前、戰爭中，和戰後，我都在東京。如果要比較，戰前生活還不錯，戰爭中，全國的生活漸漸不好，很辛苦，文科的學生被徵調去當兵，美軍的B－29天天來空襲，三月十日和四月一日東京受到兩次大轟炸，處處烽煙，災情慘重。我也疏開到郊外。

父親希望我去日本讀醫科，原本我也依他的希望行事。有一個星期天早上，我去公園寫生。讀臺中一中時，我的繪畫已是全班最好的，我對美術一直很有興趣，但不敢向父親表明將來要走美術的路。在東京的公園寫生時，遇見一位很出名的漫畫家也在那裏指導一羣學生寫生，促成我決定，「繪畫就是我一生要走的路」。

從那天開始，我準備當畫家。老師告訴我，應該投考東京美術學校。我畢業多年以後，該校和東京音樂學校合併，就是現在的東京藝術大學。東京美術學校很難考，一般考生重考三、四次才考取，是常常有的事，競爭很激烈。李石樵也是重考二、三次。我先去一家很出名的「川端畫學校」學素描，每天早上畫四個小時，下午畫四個小時，經過半年的嚴格訓練，竟然一次就考上了。

放榜後，家裏來了一通電報，父親叫我繼續報考醫專。當天下午，我又收到同學來電報，說「恭喜東京美校合格」。我才知道臺灣的《新民報》在三月二十二日刊載這條新聞。當時，東京有幾所特別的學校，像是東京帝國大學、東京第一高等學校、東京美術學校放榜時，臺灣駐東京的記者都會把放榜消息打電話回臺灣。父親因之才知道我瞞著他去考美術學校。

我當然了解父親的心情。為人父者，總是希望子女將來衣食無虞。早期的畫家，生活貧苦，因為社會很少人買畫。但是日本人對藝術家特別尊敬，不會輕視。我在東京美術學校求學時，社會人士不會看輕你，我到鄉下寫生，常常借住寺院和村長家。只要看到是美術學校的學生，他們就很好禮的款待，對藝術家和學生，有一種特別的眼光和尊敬。

我心意已決，堅持讀美術學校，父親繼續每個月寄三十元給我。直到昭和十八年，戰爭結束前兩年，聯軍的空襲日頻，日本海域布滿水雷，我已無法收到家人寄來的錢。當時父親做「香蕉粉」生意，使用大量的糖，香蕉粉加開水沖一沖，調成麵糊狀，可以充飢。我告訴父親說，不必寄錢來，把加工後的糖寄來即可。日本人吃糖很兇，我拿糖去鄉下，和農人以物易物，換米糧，不致於餓肚子。

一九四〇年四月廖德政於東京美術學校一年級入學時攝。（廖德雄提供）

東京美術學校分日本畫、西洋畫、雕刻和工藝四組，我專攻西洋畫，也就是油畫，一年才錄取三十幾名。戰爭漸漸開始，經濟逐漸不景氣，學生也要去工廠服務，無法正常上課。照理我應五年畢業，昭和十八年，朝鮮和臺灣的留日學生必須當志願兵，臺灣總督府通知臺灣的學生家長，叫我去當海軍志願兵，我就去學校找軍事教官商量。他叫我申請休學一年。總而言之，我在東京的日子大部分是戰爭狀態，再加上小時候因為父親參加臺灣民眾黨的政治活動，被日本警察捉去坐牢，我因之討厭鬥爭，包括人和人，社會和社會，國家和國家的鬥爭。

日本留學生，像我這樣，生活費由臺灣供應，不曾過太辛苦的日子，大有人在，但苦讀的也有。我的同學張義雄就是屬於苦讀型，他投考東京美術學校，考了六年未考取，每天早上送報紙，晚上在日本料理店做小廚，平常在街頭畫人像，自己賺生活費和學費。

由於戰爭的緣故，一九四三年，我休學一年，對於人情義理，反而別有體驗。對我以後，對人生，對藝術的觀念，對回臺灣以後的繪畫生涯，相當有影響。人和人，人和自然，要有愛，要和平，要安靜。我的畫，要表現的就是這種精神。

親眼目睹轟炸廣島

我在二十六歲以前是日本人。一九四五年八月十五日，日本投降以後，臺灣被聯合國託管，成為聯軍接管的一部分。戰爭末期，我被徵調去海軍兵學校，在江田島，正對著廣島，距離約一個鐘頭的船程。原子彈轟炸廣島時，記得是星期一，我親眼目睹。爆炸前五分鐘，我先是看見B−29的飛機飛過，江田島的空襲警報立刻響起。五分鐘後，飛機飛往廣島，江田島的空襲警報解除。那時大約早上八點，尚未吃早飯，我正在廁所，忽然看見白光、閃電，又聽到轟的一聲巨響，兵學校的校舍玻璃當場震碎。我趕緊跑出去看，看見山的那邊，不遠處的廣島上空有一大團灰色的雲煙。再過五分鐘，雲煙擴散，整個天空都暗下來了，連我們這裏都暗無天日。那種景象是前所未見的，我問兵學校的軍官說：「那是什麼？」他們說：「不知道，可能是軍事工廠被炸所引發的大火。」

直至當天傍晚，我們才得悉廣島被原子彈轟炸，死了好多人。當時也不是說「原子彈」，而是說「特種爆彈」。記得那天是星期一，一個星期後，聽說廣島那邊死了許多人。一個月後，我回東京，再過幾天我專程坐火車到廣島。整個廣島城都空了，沒有電車，路上行人很少，罕罕遇見行人。我走路到宇品港去看一個朋友，四國銀行董事長吉田，以前我每星期天都從江田島搭船去找他，星期一早上才回兵學校，因為他的妻子和兒女都疏散到鄉間。原子彈轟炸廣島的那個星期天早上，我睡過頭，趕到碼頭搭船時，兵學校的船已經離岸三十公尺。船上的人看到我，揮一揮手，說要掉頭回來接我。我說：「不要麻煩了。」於是沒有搭船去廣島看朋友。事後想想，如果我去了，在廣島也是性命不保。戰爭過後幾個月，我去找他，看見我常常去住的那幢房子，已呈半傾倒狀。鄰人出來問我找誰。我說找吉田先生，鄰人說，原子彈轟炸廣島那天早上他坐電車去上班，在車上被炸死了。

一九四六年四月，我從東京美術學校畢業，從東京坐火車到廣島旁的宇品港，搭聯軍的戰艦「自由號」回基隆，所有的花費都免費。

父親下落不明

我事先沒通知家人，到臺北車站坐人力車回到中山北路一段中山市場對面的老家，那裏是父親租用的公司地址，旁邊就是李仁貴的家。當時我只揹個登山背包回臺灣。在日本時，習慣如此揹著少少的隨身物品逃避空襲，也因為只打算回來探親，看看久別的家人，很快又要回日本學畫畫，沒想到不

臺灣省政治建設協會部分理事、會員合影。五排右起為廖進平、李仁貴、黃新火、巫世傳、詹天馬、張晴川先生，後排右二為臺北市參議員李根在先生。（廖德雄提供）

到一年，二二八事件發生，父親失蹤，我再也走不了了。

二二八事件始於二月二十七日晚上，次日全臺灣逐漸蔓延。父親是「臺灣省政治建設協會」的幹部，為此常常開會，後來並且參加「臺北市二二八事件處理委員會」。三月六日他就知道蔣介石已經派軍從上海過來，他叫我弟弟廖德雄解散學生隊，自己也隨即逃亡。父親逃往觀音山下八里坌朋友家。日後我們想，其實避往鄉下反而不好，鄉下人少，每個人認得每個人，陌生人在其中顯得很特出，不像城市，樓下樓上互不相識。另一個犯了殺人罪而避居那裏的流氓，知道父親已被通緝，去憲兵隊密告邀功。三月十八日早上，憲兵隊的人馬逮捕了父親，至今父親下落不明。

三月八日，軍隊登陸基隆。當晚，我去臺北師範學校值夜。九日早上，想返回中山北路家時，才走到和平東路電力公司辦事處前，聽說建國中學前有青年被軍隊槍殺。我決定先不回家，借住建中老師呂赫若的宿舍，隔天才回家。

三月十一日早上，一羣穿私服的憲兵來家裏，要捉父親。那時父親早已逃離，幸好那時我正在廁所，他們找不到人，就走了。下午，當時美國駐臺副領事 George Kerr（喬治．柯爾先生，日治時代他在臺北高等學校教英文，有許多臺灣學生）來我家，帶我至他家避難。

喬治．柯爾先前研究東洋史，讀日本古文書，研究古董字畫，我曾陪他買古董、古畫、古書，和有關臺灣和東洋的文物。我在他家二樓從三月十一日住到三月十五日左右，那時樓下還住有其他臺灣青年，十六日我離開柯爾家。他說他即將到南京訪問，邀我一起前往，我說我不行。

一肩挑起家計重擔

我和父親相處的時間並不長，印象中，自我小時，父親就參加臺灣文化協會和臺灣民眾黨。父親畢業於高等農校，當時屬於知識階級，畢業後，回故鄉豐原指導知識青年，每個星期都去演講，反對日本帝國主義。後來又擔任臺灣新民報的記者。日本警察因之常來家裏檢查信件或其他的。因為參與政治和演講，父親常被警察捉去關。但是依法律規定拘捕，父親每次被關，有時是四、五天，最長二十九天，就放回來了。

從日治時代開始，為了爭取臺灣人的平等權，父親有種種奮鬥，也把家產花了不少。祖父有三個太太，小叔叔分到最多田產，父親次之。為了政治，父親把名下的田產賣掉大半。

廖進平二十五歲參加文化協會時。（廖德雄提供）

三月十六日，我告辭柯爾回家。幾個月

後，父親的公司被迫結束，我們搬到中山北路三十九巷公司的倉庫（如今之晶華酒店）那裏，我們把倉庫改裝一下，全家住倉庫，竟然也住了三十年。倉庫後面種有甘蔗、木瓜和芋頭，圍著竹籬笆，養了幾隻雞。當年我曾以此景，畫了一幅圖，今年於二二八畫展中展出。這幅圖中的三隻雞，一隻是我，一隻是我太太，另一隻是我剛出生的兒子，表示我們受難家屬被圍在籬笆裏，遠處是開闊的世界，近處是陰影，但是將來籬笆一定撤除，光明自由的一天一定要來臨。

如果不講解，這只是一幅普通的鄉間景象，雖然構圖特殊。這幅圖的意義，一直到兩年前，我才敢講。當時我被選為二二八建碑委員會的委員，《自立早報》記者陳銘城來訪問我，我才第一次講出來。我們二二八家屬長期活在痛苦中，但我相信將來一定能夠得到解脫。

我家兄弟十人，五男五女，我是長子。戰時二弟也去東京讀醫科，戰後留在日本行醫，二二八事件後，再也不敢回臺灣。三男是廖德雄，四男廖德北，五男早么。戰後回臺，我原本只是回故鄉看一看，計畫還要回日本繼續學畫，沒想到長住。二二八事件後，父親失蹤，家逢巨變，身為長子的我，家裏的大小事都要看我了。家裏老的老，小的小，祖母，母親，所有的弟妹都在讀書，二弟在東京讀醫科，經濟負擔很重。除了那間倉庫，父親並沒有留下財產，生活很困苦，除了經濟上的壓力，還有精神上的愁苦，我們煩憂父親的下落安危。祖母和母親四處找尋，問神問卜，一年二年三年四年，日日如此。我們曾聽說綠島關了二二八事件的人，也想辦法去找。

在此以前，家中一切經濟事務都是父親負責，父親不在，該我負責了。一九四六年八月，我應聘

此圖曾展於二二八畫展，即是廖家倉庫一景，象徵家屬被圍於籬笆內。（廖德政提供）

到臺北師範學校教書，雖然是情勢所逼，必須有工作。我總是以為，不久就要回東京展開繪畫生涯。才教一學期，就發生二二八事件。教了兩年，就辭去教職。

勇敢走出痛苦陰影

我先去雕刻家陳夏雨那裏學做雕刻，過了三、四個月，到后里農學校朋友家住二、三個月，返回臺北。當時開南商工的註冊主任張秋雄老師要離職，經他介紹，我進入開南，任教美術課。開南商工校長陳友諒先生畢業於日本京都大學，兼臺灣大學和延平大學英文老師。我與校長相處融洽，在開南一教就是四十年。其間我曾在實踐家專兼任二十七年，實踐家專創校校長謝東閔是我臺中一中的學長。國立藝專美術科成立後，李梅樹當美術科主任，來開南商工找校長借我去幫忙，因之我也去藝專兼任。幾十年來，我在開南商工、實踐家專、國立藝專和輔仁大學織品設計系教書，常常白天出門上班，上課到深夜十點才下課。在學校，我教美術和素描，比較不需要講話。你也知道，我們畫家不善言詞，尤其受日本教育，不會講北京話，還好專有名詞都一樣，又不需要講太多話。

在實踐家專和輔仁大學時，我與二二八家屬吳鴻麒的太太楊炁治同事，但是我們都不曾提到二二八，完全不知道對方是受難家屬。直至我擔任二二八建碑委員會委員以後，才聽陳銘城講起。

我在開南商工教書四十年，七十歲退休。四十年內，我都不敢講二二八時父親被殺害之事。父親雖然失蹤，卻一直都處於被政府通緝的狀態。或許陳友諒校長和同事知道我父親，但是他們不曾問過我。

大小環境使人如此痛苦，但我必須更勇敢站起來。痛苦時，音樂對我的幫忙很大很大，痛苦時，憂悶時，我靠音樂幫忙，讓音樂來安慰。貝多芬、莫札特等古典音樂，特別是貝多芬的音樂，可以安慰我精神上的痛苦，幫我度過艱辛。從學生時代，尤其是二二八事件以後，那麼大的刺激，那麼深的痛苦，我勉強熬過來了。

最近三、四年，大家逐漸關心二二八的歷史，我們才敢講起父親的事。二二八事件後多年，我的畫風陰暗，後來才漸漸明朗，尤其是一九七〇年以後比較開闊明朗。一九四六年四月，我回臺北，看到觀音山，青翠的山和水，頓時流下眼淚。臺灣的山水，的確和東京不一樣，我心想，這才是故鄉。後來我住天母多年，每天上班前，都要擡眼看看觀音山。父親失蹤於觀音山下的八里坌，觀音山對我和父親，都有特別的意義。我畫了二十年的觀音山，希望有一天，父親終於能夠回來。一方面，我借這個景表達我思念父親的心情，一方面也表達我對自然的尊重和愛心。

真快，一轉眼就五十年了。人的一生，可能都註定好了。即使如此，還是不能不努力，一切要靠自己。

我曾想要以二二八事件做為繪畫的主題。我的作品，大多以靜物和風景為主，沒有人直接出現在畫面，但是處處留有人的痕跡和人的味道。我構想中的二二八之畫，如果要畫人，也不會只畫哭泣的人，說不定乍看之下是一個帶笑的人，仔細再看，背後才是深層的悲傷。莫札特的音樂也是這樣。美

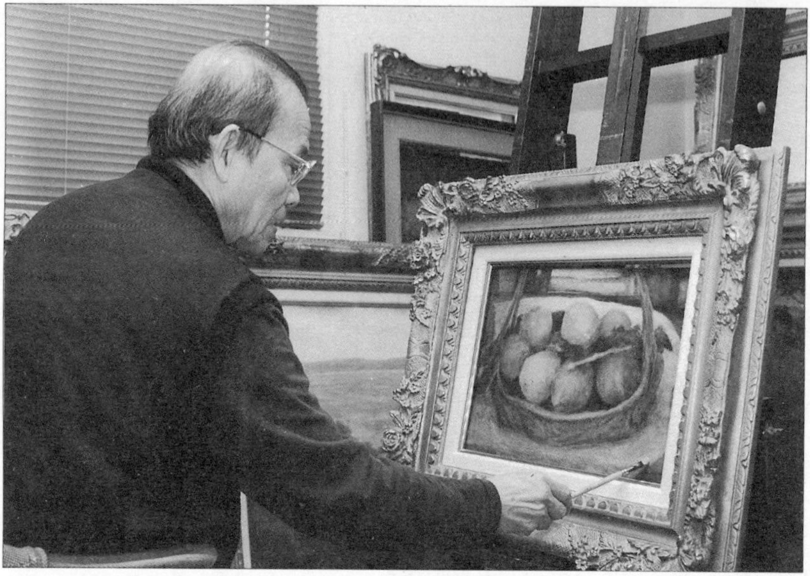

廖德政的作品以靜物和風景為主，但處處留有人的痕跡。（廖德政提供）

麗後面藏著的悲哀，有時比直接表現的悲哀更強烈。不能只看外表，還有看藏在內在的，藝術必須徹底至此。畢卡索描寫西班牙內戰那張畫，用抽象的方式來畫歷史情境，出來的力量，比寫實的更強烈。

二二八的善後問題很複雜，現在的重點好像放在賠償金額，其實我認為最重要的是公布歷史真相，平反事實。我本來就追求和平，二二八事件之後，更加確定如此。

第二部分

受訪者：廖德雄（廖進平三子）　訪問者：張炎憲、黎澄貴、胡慧玲
時　間：一九九四年七月十九日　記　錄：胡慧玲
一九九五年九月十四日
地　點：臺北市中山北路廖宅

三個警察打死陳文溪後，逃往中山堂旁的總局，以前叫「南署」。民眾包圍南署。城隍廟的獅陣隨之進入南署，與警察談判，希望警方交出當街殺人的警察。警察說，等我們找局長陳松堅來，再做決定。結果局長一直沒出面。晚上八、九點，有民眾從南署後面走來，說，那三個警察已經從後門放走了。民眾更加憤怒，成羣結隊回「臺灣省政治建設協會」辦公室，希望有個因應方案出來。父親他們在延平北路二段三民書局後的政治建設協會緊急開會，決議第二天要遊行抗議。

當天晚上十一點多，父親回到家。說，第二天遊行抗議之事，社團的部分都已安排妥當，叫我明天帶學生隊參加。上午十一點在長官公署東邊等候。

廖德雄：我們學生隊主張武力宣戰，但父親他們長輩反對。（張炎憲攝）

蔣渭水的師爺廖進平

我的父親廖進平一八九五年出生於葫蘆墩（今臺中縣豐原市），先後就讀於葫蘆墩公學校、總督府農事試驗場和早稻田大學文學科。父親熱心公眾事務，一九二一年，「臺灣文化協會」成立，父親是創會會員，積極參與活動，並在豐原地區召募會員。一九二五年，父親單身赴臺北，投資臺灣物產罐頭會社。一九二七年，父親與蔣渭水、謝春木等人成立「臺灣民眾黨」，主張州市街庄自治機關之民選並付予議決權，採普通選舉制，並即時准許臺灣人在島內發刊報紙雜誌……。之後一年內，父親因推動政治運動和社會運動，四度被日警逮捕，並曾遭灌水拷問成重傷，入院治療十五天。一九三一年，蔣渭水去世，為了悼念這位偉大的政治領袖，父親擔任了蔣渭水「大眾葬」出殯的總指揮。一九三二年起，父親進入《臺灣新民報》，先後任編輯、記者和社務委員。一九三六年，父親與陳清波、詹天馬、巫世傳等臺北豪商，設立廣福洋行，擔任專務取締役（今總經理）。

一九四五年，大戰終了，當年父親四十九歲，他把辦公室樓下改為服務處，提供給由大陸返臺的臺灣文化協會、臺灣民眾黨和全臺各地的同志聯絡敘舊。父親並計劃與過去的老同志成立一個新政黨。

九月，張士德帶三民主義青年團等一百多人先回臺灣，從淡水登陸，父親帶我去迎接。父親安排他和四個少尉住在孫文的紀念館「梅園」，另外一百多個兵則借住華山國小（如今之警政署）。張士德，大甲人，與父親是「農民組合」時代的老戰友。張士德說，他是奉三民主義青年團之命回臺，他問父親，在國民政府尚未正式接收臺灣之前，有什麼辦法可以維持治安秩序？

當時在政治運動上比較活躍的，有兩個派系，一派是我父親和民眾黨系統，另一派是陳逸松等人，父親稱他們是「少爺派」。

父親建議張士德找陳逸松等人。陳逸松和張士德見面後，最大的成果，就是在臺灣各地成立三民主義青年團。

第二批來臺的，就是前進指揮所的人，張邦傑、葛敬恩和李翼中等人，他們搭飛機抵達松山機場，父親也去接機。張邦傑與我父親是臺灣民眾黨時代的同志，戰時他赴大陸組織臺灣革命同盟會，擔任主席。第二天，張邦傑到中山北路一段父親的會所，介紹國民黨臺灣省黨部主委李翼中與我父親

日治時代的抗日活動。前排座者左二起張晴川、廖進平、湯同志、陳旺成、蔣渭水、李友三。（廖德雄提供）

相識。

李翼中來過我家好幾趟，我記得姊姊常常要準備菜飯招待，我也遇見他幾次。之後，父親又介紹李翼中給蔣渭川、張晴川、黃朝生等人。我並沒有仔細聽他們的談話內容，只記得張邦傑當通譯，因為李翼中講北京話，父親他們都聽不懂。沒多久，臺灣省政治建設協會的幹部全都加入國民黨。

父親從臺灣文化協會、臺灣民眾黨和各種政治運動，都深入參與，長期熱心公眾事務，是著名的政治義工，人稱「蔣渭水的師爺」。他一心等待陳儀正式接收後，要如何建設臺灣。

組成學生自治會聯合會

至於我們學生方面，一片混亂，幾呈無政府狀態。八月十五日日本天皇宣布投降，先前我已被徵調為日本學生兵，在羅東小湳

廖德雄先生臺北商業學校三年級時，時年二十歲。（廖德雄提供）

澳服役。聽到天皇宣布投降，學生兵紛紛各自返回家鄉。八月十六日我回到臺北，學校早就停課，校長老師都不在，我們仍然回學校，自己組成自治會。

學生，以臺北商業學校為例，原本的臺北商業學校和臺北第二商業學校的臺籍學生合併，組織成「臺北第一商業學校」。國民政府尚未來，日本人尚未離去，一切靠學生自治，照常天天上學。為了自治，臺灣籍的學生組織了一個學生自治會，各校都有學生自治會，各校的自治會會長又組成聯合會。

其他中等學校，戰前臺北市有第一中學、第二中學、第三中學和第四中學等四間中學，扣除日本學生後，合併為兩家，就是現在的建中和成功中學。私立中學部分，臺灣商工改為開南商工。總而言之，當時的學校很少，合併之後，公立學校有建國中學、成功中學、臺北商業學校和臺北工業學校，私立學校有開南商工、泰北中學和成淵中學。

一九四五年九月一日，臺北學生自治會聯合會正式成立，我被選為會長。九月三日參加勝利紀念遊行。當時臺北市的治安堪稱不錯，老百姓大都守規矩。

陳逸松他們的三民主義青年團本部設在衡陽路合作金庫現址，派出所仍有臺灣籍警察繼續服務，臺北市政府部分，也有少數臺灣籍的職員上班，當然沒什麼業務，可以說是空城計。

十月二十四日，陳儀來臺，十月二十五日，與安藤利吉簽約後，隔兩天，臺北商業學校正式成立，國民政府派了一位鍾姓校長來，校長並且帶了五個教員。我被編為高商部一年級，每個年級一班，全班四十八人。學校仍然沒有足夠的老師，我們即使上學，也沒上課，大陸來的老師只教我們唱國歌。

同時，臺北帝國大學改為臺灣大學，臺北高等商業學校改為法商學院，學生人數幾十人而已。

十二月底，光復才兩個月，物價開始大波動。陳儀來後，成立物資局，把全省的米糖鹽等糧食，都交由物資局採購，買了之後，全數載往大陸，臺灣原本是米糖之鄉，竟然嚴重缺糧，物價飛漲，一日三價。陳儀的班底是福州人，貪污很有一套，好處全拿，毫不疏漏。

我一直認為，二二八事件之所以發生，不是本省人和外省人的糾紛，而是福州人的集體嚴重貪污所致。

臺灣第一次民間大遊行

十一月，父親和蔣渭川、張晴川、黃朝生、呂伯雄、王萬得等人，在太平町三丁目（今延平北路二段）的「三民書局」成立「臺灣省政治建設協會」，蔣渭川任總務部長，王萬得任組織部長，黃朝生任財政部長，張晴川任經濟部長，父親任宣傳部長，其他李仁貴、王添灯、白成枝、陳春金、曾得志、黃旺成、楊元丁等人任理監事。當初申請立案的是「臺灣民眾黨」，但是陳儀不准，說地方政府無此權核准，要申請，要去南京內政部。父親透過李翼中談條件，才准以「臺灣省政治建設協會」的名義成立。一九四五年十二月，半山人士組織「臺灣憲政促進會」，由當時人稱「半山四大金剛」黃朝琴、游彌堅、劉啓光、李萬居等人發起，幕後指揮則是林頂立。

就我們父子而言，兄弟姊妹裏，父親最疼我，常叫我在他身邊跟進跟出。大哥、二哥都在日本讀書，我算是臺灣的長子。從學校下課，父親常叫我送信給他的同志。那時代政治活動還屬祕密性質，必須用親腹帶口信。我從臺北商業學校一年級，就開始當父親的信差。父親的同志，比方黃朝生、張晴川、呂伯雄、白成枝等人，我都很熟。

父親如果不參與臺灣省政治建設協會，我也不會介入政治那麼深。

過年時，情況日益惡化，民生問題日益嚴重，有錢也買不到米。為此，父親常在龍山寺、永樂座、第一劇場、大稻埕城隍廟演講，批評陳儀無能，治臺無方。這也種下了日後陳儀發布父親為「叛亂首要」之原因。

一九四六年四月下旬，父親說，大陸學生為抗議北京大學女學生沈崇被美軍士兵強暴案件和紀念五四運動，將舉行大遊行，我們也應該利用這次機會，動員人民團體，同步遊行，抗議陳儀的種種不當施政。

這是戰後臺灣第一次民間大遊行，由臺灣省政治建設協會主導。父親申請遊行，口號是響應北京的沈崇事件，實際上是憂慮臺灣的經濟即將崩潰。遊行後，羣眾預定聚集於行政長官公署前，當面向陳儀抗議。父親叫我們學生隊也來參加。

對此，陳儀非常生氣。他事先就知情，五月三日曾派民政處長周一鶚與長官公署參事張邦傑來找父親，意圖阻止這項行動。但父親心意已決，不為所動，決定照常舉行。

五月三日，我們臺北市學生自治會會長開會討論相關事宜。五月四日早上八點，從各學校出發，聯合了開南商工、臺北工業學校、成功中學、泰北中學和臺北商業學校等學生大約六百多人，由我擔任總指揮，往行政長官公署出發。

臺灣省政治建設協會人士率領社會團體和各地角頭組織和獅鼓陣，大約二千多人，從大稻埕遊行，一隊由臺北橋前進，一隊由龍山寺前進，會集於長官公署。父親擔任總指揮，呂伯雄任副總指揮。

抗議遊行順利抵達長官公署，由父親和呂伯雄攜帶抗議書，面呈陳儀，進行談判。他們三人從長官公署二樓正面陽臺出現，陳儀正式對遊行民眾表示，他將依民意改善施政，並將從各地調糧食到臺北市，以解決糧荒問題。

父親說，既然如此，陳儀做了承諾。於是宣布遊行結束。

這次五四運動，其實已是二二八事件的前兆。

緝菸血案那一夜

關於取締私菸事件，二二八事件之前，已經發生過許多次，一九四七年二月二十七日傍晚，發生於天馬茶行前那次，是最後一次。以前雖然發生許多次取締私菸事件，卻沒有打死人，二月二十七日

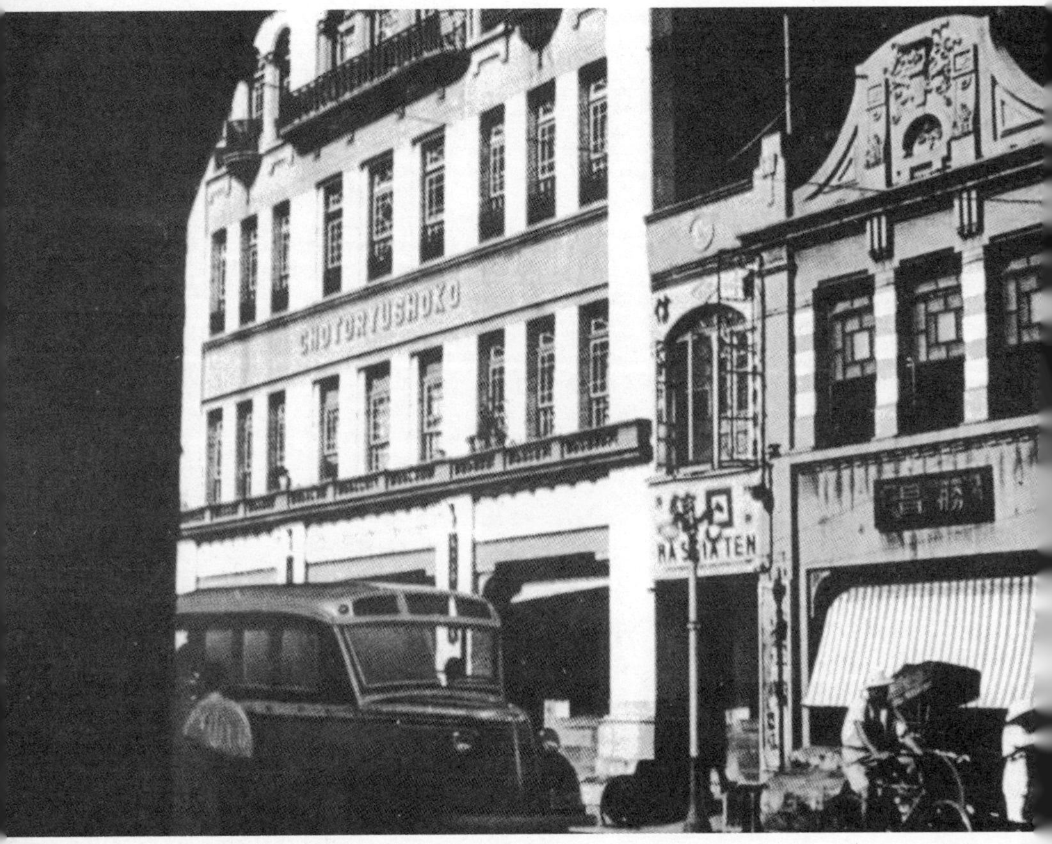

二月二十七日緝菸血案發生地：臺北市大稻埕。（創意力文化事業有限公司提供）

是出了人命，事態嚴重，才爆發二二八事件。

當年我也抽菸，抽私菸，因為臺灣的菸不夠。警察捉私菸，捉得很嚴格，但是執法不公，有人捉，有人不捉，難免出事情。天馬茶行旁，一側有兩攤賣私菸的，菸販都是漂亮小姐，另一側則是四十幾歲的菸販林江邁。警察為什麼不去取締漂亮小姐？後來我聽說，漂亮小姐在菸警來查緝時，會私下送好處。傅學通等六個警察那天並不是第一次去大稻埕查緝私菸，而是常常去。林江邁被查了幾次，都沒有送紅包，警察早已不滿。二月二十七日那天，林江邁已經賣掉一半的菸，如果警察只是沒收菸，不搶錢，旁觀的人還不會那麼生氣。警察拿了菸，還搶了錢，林江邁當然不甘心，要把錢搶回來。警察和菸販，兩方拉拉扯扯之際，傅學通竟然拿槍管打林江邁，林江邁當場血流如注。旁觀民眾看不下去，才有人喊打，羣眾蜂擁而至。

父親當時正好也在現場目擊。二月二十七日傍晚六點多，父親和白成枝、黃朝生、張晴川、呂伯雄、王萬得等人，正在天馬茶行旁隔壁的「萬里紅酒家」二樓召開臺灣省政治建設協會的會議，聽到樓下有騷動嘈雜聲，下樓觀看到底發生何事。

當時街頭已經聚集了五、六百人，人聲鼎沸，議論紛紛，民情激憤。父親安撫民眾，說「大家要冷靜，大家要冷靜。」有人追趕逃竄的六個警察，那六人分別朝兩個方向逃離，三人逃往永樂市場，三人逃往橋頭，目標應該都是逃往憲兵隊。逃往永樂市場的那三個警察，在巷子口遇上陳文溪，陳文溪是江山樓流氓頭的弟弟。後有追兵，前有陳文溪，我聽現場目擊者說，陳文溪橫舉雙臂攔阻，不讓警察過。警察掏槍，一槍打死陳文溪。事情更大了。

三個警察打死陳文溪後，逃往中山堂旁的總局，以前叫「南署」。民眾包圍南署。城隍廟的獅陣隨之進入南署，與警察談判，希望警方交出當街殺人的警察。警察說，等我們找局長陳松堅來，再做決定。結果局長一直沒出面。晚上八、九點，有民眾從南署後面走來，說，那三個警察已經從後門放走了。民眾更加憤怒，成羣結隊回臺灣省政治建設協會，希望有個因應方案出來。父親他們在延平北路二段三民書局後的政治建設協會緊急開會，決議第二天要遊行抗議。

當天晚上十一點多，父親回到家。說，第二天遊行抗議之事，社團的部分都已安排妥當，叫我明天帶學生隊參加。上午十一點在長官公署東邊等候。

二月二十八日那一天

二月二十八日，我聯絡了臺北商業學校、成功中學、開南商工、臺北工業學校和泰北中學。十點多要出發時，父親打電話來，叫我晚一些。吃過中飯，大約中午一點，父親又打電話來，叫我們一點半到達集合地點。我們一點鐘出發，約一點四十分來到警務處正門口。開南商工先到，成功中學次到，我們到達警務處正門時，長官公署樓上早已架好機關槍，朝下開槍掃射了，我親眼目睹，中山南路和忠孝西路圓環附近，當場中槍倒了好幾個人。學生隊並沒有人傷亡。大家於是四散逃去。父親找人來告訴我們說，學生隊趕快解散，回學校去。

二月二十八日，學生占領新公園內的臺北廣播電臺。（創意力文化事業有限公司提供）

後來我聽開南商工的學生說，可轉往新公園去守廣播電臺。我回學校後，大約兩點半鐘，帶著五個學生到達新公園電臺，遠遠看見已經有一百多個開南的學生團團圍住電臺。我問領隊說，帶一百多人來，目的何在?他說，要占領電臺。他說，他來時，已有百多個民眾包圍電臺了，守衛也不見了。我看一看，延平學院的學生數十人（包括徐世通），也來了。

沒多久，我又看見王添灯帶著蔡子民（目前擔任中共臺灣人民自治聯盟主席，二二八事件後逃往中國）、潘欽信、郭玉榮（《人民導報》的採訪主任）也來了。王添灯並且進入電臺，對外廣播。因為我在電臺外面守候，並沒有聽見王添灯講些什麼。

王添灯廣播後，警備總部參謀長柯遠芬中將也來了，他也進去廣播，說是陳儀叫他來廣播。柯遠芬一行要離去時，我們十五個學生幹部，當場攔住他，與之談判。柯遠芬和我們進入電臺的會客室談判。我說，四處亂糟糟，警察已無力維持治安，臺北市的治安，就交給我們學生隊負責。我說，臺北市有八個分局，每個分局出十支短槍，總共八十支槍，分配八十支槍給我們學生隊。

自從二月二十七日事件後，臺北已然喪失秩序，有人搶雜貨店，搶貴陽街錦記茶行。連流氓都拿刀出來，我們空手如何維持治安?所以我要求每個分局給我們十支短槍。

柯遠芬不肯，他說，武器是國家的，不可以發給民間。他要我們直接與陳儀談。

二月二十八日，長官公署開槍事件之後，大約下午三點，周延壽、李仁貴等幾位臺北市參議員，聚集於中山堂開會，準備成立私菸查緝調查委員會。

二二八事件處理委員會的來龍去脈

三月一日，陳儀派了警務處長胡福相、民政處長周一鶚、交通處長任顯羣等四個處長一起開會。正式成立「二二八事件處理委員會」，該委員會以市參議員、省參議員、參政員和國大代表為主體，成員包括黃朝生、李仁貴、陳春金、王添灯、陳逸松、徐春卿、張晴川、陳屋等人。下午，委員會聯絡學生隊，要我們派三個代表，再加上教師派三個代表，一起參加二二八事件處理委員會。三名學生代表分別是我、開南商工的高德貴和臺北工業學校的黃守義。教師代表則是延平學院的蔡慶榮（別名蔡子民）等人。

當時三十二名處理委員，如今活著的，只剩四人，陳逸松、蔡子民、鄧進益和我，陳逸松在美國，蔡子民在北京，鄧進益和我在臺灣。

其實，三月一日早上我已經參與中山堂的會議了，父親要我找幾個學生去會場幫忙。依當天成立會議的情況看來，該委員會是烏合之眾，完全沒有議事規則可言。省參議員、國大代表，都可以當委員，都可以發言。當時比較有政治團體力量的，就屬臺灣省政治建設協會和三民主義青年團，後者表面上有組織，實則鬆散，前者人數較多，大多是政治運動界出身，所以處理委員會的會議，從頭到尾，都是政治建設協會的人在領導，喊起喊倒。但是陳儀的官派委員，完全沒有誠意，樣樣事都講不通，幾乎都吼來吼去。

臺北市公會堂：二二八事件處理委員會開會的所在。
（創意力文化事業有限公司提供）

到了三月二日，人多口雜，處理委員會一直沒有任何具體決議。三月三日，父親說，這樣下去不行，必須要組織化。三日下午，開會決定處理委員會必須重新組織，陳儀派來的五個人馬反對，並且撤退，抗議處理委員會已由臺灣省政治建設協會的人控制。二二八事件後，陳儀政府展開報復，他所公布的叛亂首要通緝對象，臺灣省政治建設協會的人，幾乎無一倖免。比方說，施江南醫師幾乎沒有參加政治活動，也沒來開會，後來也被逮捕，只因他是政協的理事。不過，這都是後話了。

總而之言，三月一日到三日，發起者是陳逸松、劉明、周延壽和臺北市議會潘副議長。三日以後就不同了。處理委員會的舞臺，不再是他們的，臺灣省政治建設協會的幹部成為主力，不再受陳逸松等人主導，於是他們轉而消極旁觀。

三月三日處理委員會改組後，臺灣省政治建設協會在政治性的發言有一套，逐漸取得控制權，發言最多的是主席王添灯和張晴川，議事也大致依臺灣省政治建設協會的提案在進行。其間並派蔣渭川去和陳儀交涉，兩人先後見了三次面，講妥了八個條件。聯絡人是憲兵第四團團長張慕陶，負責約定雙方幾點見面開會。

擬定三十二條時，也是王添灯、蔡子民、潘欽信和郭玉榮四人草擬的，父親和白成枝、呂伯雄等人曾叫我參考看一看。三十二條拿到二二八事件處理委員會討論時，「半山的」叫許德輝等社會流氓把三十二條再加十條，改成四十二條。當時除了處理委員之外，中山堂還有許多民眾去開會，聽到四十二條，馬上鼓掌通過。提出到陳儀那裏，當然不同意接受。

話說當時的當務之急，是治安問題。各地都有搶劫案件，治安很壞。為此，劉明介紹了許德輝給蔣渭川。後來我們才知道這是柯遠芬的陰謀。蔣渭川是臺北市商會理事長，劉明是炭礦調整委員會主委，做炭礦賺了許多錢。當時臺北市最有錢的三個人，第一李仁貴，第二劉明，第三是王添灯，他們的財富不在房產，而在現金多，一個買賣糖，一個買賣煤炭，一個買賣茶，非常富有。

臺灣忠義服務隊的前因後果

三月三日開會時決定設立治安組。四日早上十點開會，蔣渭川帶了許德輝來會場，介紹給大家。蔣渭川說，許德輝是大稻埕的紳士，對治安和社會方面很有了解。之後，四日的主席張晴川問學生隊的意見，因為治安隊原本以學生隊為主體，社會人士為副體。由於蔣渭川的提案，當天開會決定，許德輝當天臨時加入處理委員會當委員，並擔任治安組長。許德輝竟然當場提案，說，必要時應該找陳儀長官，讓陳儀認可，比較好。

這些經過，活著的人，我最清楚，但後來才完全得知內情。許德輝這個人，這個角色，是柯遠芬叫林頂立拜託劉明介紹給蔣渭川的，警備總部內定要組織一個臺灣忠義服務隊，派許德輝來當總隊長。蔣渭川原本不肯，許德輝去過蔣家許多次，又要劉明打電話講情，蔣渭川才首肯。

三月四日早上，我和蔣渭川、陳炘、許德輝、呂伯雄、王炳煌等十六人，去長官公署與陳儀交涉。蔣渭川和陳儀提出幾個要求，之後，陳儀問我，學生隊有何要求？我說，學生隊要維持治安，必須有經費才行。陳儀說，需要多少錢？我說，大約要三千萬元。陳儀說，可以。另外，我還要求長官公署發放短槍給我們，並且提供交通工具和汽油。這三項，陳儀都當場答應了。陳儀說，武器的部分，交由參謀長柯遠芬處理。要我們直接向柯遠芬索取。至於交通工具，陳儀說，他會另外派人與我處理。

十一點多鐘，和陳儀開會完畢，我們馬上回中山堂向委員會報告結果，正式成立治安組。治安組之下設「臺灣忠義服務總隊」，許德輝兼治安組長，我擔任副組長兼副總隊長，以北署（今之大同分局）當總隊辦公室。我們立刻進駐北署，開始聯絡各學校自治會會長，把學生安排成八個分隊，每隊約一百五十人，總人數約一千多人，負責臺北市八個分局。

學生自治會聯合會所屬的中學總共有六所學校，其中開南商工的學生數較多，分成三個分隊。所以第一、第二、第三分隊都是開南，第四分隊是臺北工業學校，第五分隊是成功中學，臺北商業學校是第八分隊，負責艋舺分局。延平學院的學生較少，分插在每個分隊。二二八事件處理委員會所在地的中山堂，由開南商工和延平學院的學生負責，三月八日晚上以後的屠殺中，他們的傷亡也最為慘重。

我們學生隊在北署開會時，許德輝的社會隊派了五、六個人來參加。因為治安不好，晚上尤其壞。人事一安排好，我們立刻上班，希望早日恢復市容和秩序。學生隊分成兩班制，早上八點和下午五點交班，日班是早上八點到下午五點，晚班是下午六點至次日早上七點，全天候維持治安。我們年紀雖輕，因為戰爭的緣故，當過日本兵的一等兵，開過槍了，已經不是小孩子了。

治安組開會之後，許德輝的社會隊，從來不曾來上過班。許德輝在日治時代是日本人的走狗，在重慶北路二段開了一家新高旅社。許德輝是總隊長，我屬他指揮的，見他從來不來上班，我趕緊找人去新高旅社找他，找不到人。四處打聽，結果在他另一家公司（互正無盡合會公司）找到他，所有社會隊的人都在那裏。我問許德輝說，學生隊沒有經費，陳儀那三千萬去領了沒？他說：「明天下午，你去北署等我，我拿一部分經費給你。」

我們必須分配糧食給各分隊隊員吃，必須有交通工具，以便赴各地維持治安，沒有經費，根本沒辦法做事。許德輝不來上班，我趕緊聯絡李仁貴，告訴他情況。李仁貴和吳春霖立刻親自來北署探察，了解實情之後，李仁貴很氣憤，說要去找許德輝問個清楚。我不知道許德輝如何欺瞞他們，反正李仁貴回來後，告訴我說，許德輝表示他還沒去領經費。李仁貴還從口袋裏掏出自己的錢，數一數，說：「這二十萬元，你先拿去用。」

第二天，三月五日下午，我再也無法忍受，就要總務組副組長李日富坐我的車子，去長官公署財政處領錢。財政處的人說：「三千萬元？早被許德輝領走了。」

一聽此話，我氣極了，馬上帶十幾個學生要去找許德輝理論。一到他公司，看見辦公室裏滿滿的站了四十幾個流氓，腰上還佩著短槍。我們沒辦法，只好離去。

沒錢，沒米，根本沒法子辦事。我不得不去找處理委員會財務組長陳春金和副組長鄧進益想辦法。父親是糧食組長，他打電話去臺中給林連城，林的父親是臺中市規模最大的米廠老闆，一口答應用卡車載二百包米上來。父親又介紹彰化的李敦禮的親戚給我，我打電話去，他也叫司機從彰化載三百包白米上來給我。這三百包米才到新竹，就被搶走了。

二百包白米運到之後，第三高女（如今的中山女中）和靜修女中的學生負責煮飯，做飯糰和便當給我們吃。蓬萊閣的老闆也捐錢捐菜，供應給女學生做便當。

三月五日，以戰後歸來之臺灣籍日本兵為主的五千多個年輕人，聚集在太平國小，計劃以武裝推翻陳儀政府。此事的負責人，就是臺灣省政治建設協會的白成枝。最後決定取消武力抗爭，第一，我們根本沒有武器，沒有軍糧，空手如何武裝起義？第二，蔣渭川反對。他說，我們已經和陳儀談妥條件，不需要武裝革命。

蔣渭川和陳儀會談過三次，條件都談好了，比方說，今後長官公署改成省政府，廳長縣長等行政首長，應多重用本土人等。

因此，聚集於太平國小的青年，三月六日解散。

父親於八里坌被捕

三月六日晚上，我回家換衣服，剛好遇見父親也回家換衣服。

父親告訴我，張邦傑三月六日下午兩點從上海打電話回來到迪化街的巫世傳處，要人傳話給父親，說蔣介石已經派兵從上海出發，三月八日將抵達基隆，叫大家要有所準備。

張邦傑，高雄旗後人，抗日戰爭時赴大陸，在泉州成立一個臺灣愛國組織「臺灣革命同盟會」。李友邦在中國北方，他在中國南方抗日，是臺灣人抗日的南北兩大中心。戰後，張邦傑擔任臺灣前進指揮所祕書，回臺後介紹國民黨臺灣省黨部主委李翼中與我父親認識，我父親再介紹給蔣渭川和張晴川等人。張邦傑曾任長官公署參事，與陳儀不和，辭參事，返回上海，當時任臺灣省政治建設協會上海分會負責人。

父親一聽此訊，知道事態嚴重，叫我趕緊解散忠義服務隊，叫學生趕緊回家，否則危險。父親說：「大家要慘了。」父親以前去過大陸，親眼目睹國民黨軍隊的殘忍。他告訴我說：「千萬要記得，這次阿兵哥一上陸，一定會大開殺戒，你眼睛要放亮一點。他們是土匪兵，你要注意哦。」父親並且交代，要把學生隊的名冊燒了。事後看來，可見父親很聰明，很警覺。

父親收拾好衣服，先轉往三民書局的臺灣省政治建設協會辦公室看一看，之後借住於貴德街茶葉商陳清汾家。見臺北情勢危急，蔣介石軍隊挨家挨戶大搜查，他又逃往蘆州李貴選位於八里坌的山地。

這些都是我們事後才得知的。三月六日晚上父親逃亡之後，不曾與家人聯絡過，逃亡陳清汾家，是陳清汾告訴我的，八里坌的事情則是李仁貴的弟弟李宗發告訴我的。李仁貴兄弟是我們的鄰居，因為我也逃亡了，母親拜託他找。

廖進平被捕於觀音山下八里坌，從日治時代全力投入政治，坐過幾年牢，卻死於國府之手。（廖德雄提供）

父親躲往八里坌，是因為靠近淡水河口，當時走私頻繁，父親想伺機坐船逃往大陸。但是運氣不好，大橋頭流氓李彩鑑（別號皮旦），因為打死人，也逃往八里坌。他聽過我父親演講，認得我父親，因此走山路到淡水分隊去密告。憲兵隊淡水分隊立刻通報臺北的憲兵總隊，派兩輛軍車前往八里坌包圍。三月十八日早上六點左右，父親在淡水河口散步，順便看看有沒有船來，在渡船頭就被憲兵捉走了。至今近五十年，下落不明。

父親失蹤後，我帶十幾個人去大橋頭找皮旦要人，在他家等了幾天，他知道了，都不敢回家。我也抱著必死的決心，什麼都不怕。他密告我父親被捕之後，就當上憲兵隊特務組少尉。後來他又去上海，再轉日本，在神戶黑社會的鬥爭中被打死。

三月十八日，父親被捕。三月二十日早上九點，有個憲兵班長，自稱姓傅，來我家，當時我已經開始逃亡了，家裏只有母親、姊姊，那個傅姓憲兵說，父親寫了一張字條，連同金庫鑰匙，託他帶出來。母親看了看字條，是父親的筆跡無誤。字條上寫著，三月十八日被捕，要家人交三千元給持字條的人。字條上又說二姊無需等候父親回來，先前她已訂婚，可照常結婚。又說他身體無恙，很健康，不必掛慮。

傅姓班長說，父親被關在林森南路泰北中學女子部後面的憲兵隊。

隔天，二姊和王白淵先生的太太倪雲娥，趕到憲兵隊找父親。他們說，父親已經被遣走了。

母親和姊姊四處找尋，找得都快發瘋了。我們拜託過丘念臺、游彌堅和謝東閔。他們都說，「好，好，好，我們去查。」但都沒有結果。至今四十八年，沒有找到父親。

王白淵太太和游彌堅相熟，她也很奔波找尋，知道王白淵被關在東本願寺。謝東閔說，他要問一下第四團團長張慕陶看下落如何。

二二八事件後，父親失蹤，大哥和我各自逃亡。祖母操心父親的事，終於憂慮至死。古語說，家破人亡，就是這樣。

阮朝日家族和李瑞漢家族，是我們多年的鄰居和老友，遭逢此劫，也不敢相過往。其他的同學和朋友也一樣，不敢隨便往來。二二八家屬的共同狀態，大變故之後，都變成沒有朋友，孤獨一人，每個人都怕。這種心情，當事人才會明白，如今講來，第三者怎樣都不會懂得的。

二二八事件一百八十度改變了廖家和我的命運。即使如此，我家還算是境況比較好的。當時大哥廖德政已經從東京美術學校畢業，在臺北師範學校任美術老師，二哥廖德潛在東京醫科大學附屬醫院實習，但自此不敢返臺。弟弟德北就讀成功中學初一，三個妹妹分別就讀於初中和小學。

許德輝帶隊捉人

三月八日早上，我正式下令學生隊解散。我告訴大家，必須逃亡了，我們沒有武力，也沒有武力的準備，應付不了蔣介石的武裝部隊。

有些學生不了解情況嚴重，仍然駐留在分局。三月八日當晚，派駐於大同區和延平區的學生，也就是住在士林、石牌、天母的學生，大約晚上十點，因為停止配飯，沒飯可吃，只好回家。回家途中，事後我聽說，他們沿著淡水線的捷徑往北走，在圓山附近看見許多中國兵荷槍實彈巡邏。圓山動物園前原本是日本的海軍訓練所，戰後中國海軍接收，拿來當倉庫，駐有一連兵力。一百多個學生走到中山橋，就被兵拿著槍給攔下來，沒辦法逃，有的學生乾脆跳往基隆河，淹死的無法估算，來不及逃走，當場被打死的學生有五十幾人。那次事件中，倖存者沒有幾人，是其中一個臺北商業學校的學生告訴我的。事後統計，據我所知，忠義服務隊一千三百多個學生，失蹤的、死亡的，約二百數十人。

三月八日中午，我到中山堂探察情形，遇見李仁貴、吳春霖、鄧進益、張晴川和王添灯，他們正在那裏吃飯。王添灯說，你父親說有來自上海的電話，消息確實嗎？我說，確實。不是普通人的風聲，是張邦傑的傳話。我再次轉達父親的意思，說：「我們還是先跑路比較好。」

李仁貴聽我的勸，當天下午就躲到助產士那裏去。吳春霖躲了，張晴川躲了。黃朝生也躲了，但阿兵哥去他家逮捕未遂，放話出來，說如果黃朝生不出來就捕，要捉他的家人充數。黃朝生不得不出來就捕。

學生隊解散之後，許德輝的社會隊並沒有解散，反而開始行動。三月八日晚上，他們集中到北署，穿上同色制服。蔣介石的軍隊三月八日傍晚登陸基隆，三月九日清早進入臺北市，大舉逮捕和屠殺。三月九日、十日、十一日的逮捕行動，幾乎是忠義服務隊人馬帶頭去逮捕的。也就是說，調查局臺北站站長林頂立奉柯遠芬的命令要許德輝去捉人。林頂立自己沒有太多人馬，臺北站頂多才十幾個人而已，捉人大都靠許德輝手下的流氓。流氓穿著制服，後面跟著憲兵。事後我們才明白，臺灣忠義服務總隊是林頂立一線下來的計劃，連名字都是他們先取好的。

二二八事件之後，林頂立官運亨通，紅得很，先後當上臺灣省議會副議長、農林公司董事長。許德輝跟著林頂立，日子也很好過。自從學生隊解散以後，我們再也沒見過面。

臺北往木柵方向辛亥路隧道上，福州山公墓的屍體，就是當初蔣介石的軍隊從基隆登陸一路屠殺到臺北的屍體。十幾年前，警備總部派人去那裏掘屍體，附近的老人黃金松親眼目睹，說二二八事件後，載滿屍體的卡車一輛輛拖往那裏埋。

前排左二蔣渭水，右三廖進平，晤訪孫文，並於梅園前會影。（廖德雄提供）

輾轉逃往東勢山區

逃亡之前，我和副組長王炳煌相約回家換衣服，他住我家附近，他說他先回去拿衣服，再一起行動。在南京西路如今之新光三越百貨公司附近，有人親眼目擊他被阿兵哥開槍打死。當時學生死傷人數最多的有兩處，一是圓山，二是負責南署與中山堂治安的開南商工和延平學院學生。三月八日晚上，學生照常在那裏辦公，不知大難已來，結果被阿兵哥團團包圍，一百多人集體被槍殺於中山堂旁邊，屍體全都拖去第六水門丟棄。

三月十一日早上八點，有兩個「私服」帶著憲兵數人到我家，要捉我父親。十日晚上，我恰巧回家拿衣服，準備長期逃亡，因為從三月八日晚上開始，槍聲一直不斷，臺北城陷入恐怖狀態。許德輝的部下來家裏捉人，父親早就逃離，哥哥和我躲在樓上房間。阿兵哥捉不到父親，改而搜刮財物，父親的私人文件和貴重物品，都被他們搶走了。其中最珍貴的是，日治時代孫文來臺灣，住在梅園，父親號召臺中一帶的仕紳，集資六萬元，捐給孫文搞革命。當時孫文寫了一張六萬元的收據，父親珍藏多年，也被私服搶走。擄掠一空後，放話叫我們找父親出面，否則要捉家人充數。

那隊人馬沒捉到我父親，但是捉到李仁貴。其實李仁貴三月八日聽我們的勸，也逃了，逃去助產士那裏住，住了兩、三天，他看看，好像沒什麼動靜，十一日早上，回中山北路家，結果在八條通的小橋邊（今之天津街）被憲兵隊逮捕了。

那時憲兵和私服前腳一離去，大哥廖德政和我隨後就分兩路逃亡了。哥哥逃往當時美國駐臺副領事喬治．柯爾家，我則計畫逃回豐原。

我往臺北橋頭方向前進，先去找幫我開車的林三郎，他住在延平北路臺北橋頭下的細姨街。一看，情勢不妙，橋頭這端已經嚴陣以待，有六個兵站岡，我繞往橋下抄小路。一九四六年第一批美軍顧問團撤退時，曾留下一輛吉普車給林三郎的叔叔。林說：「我們去向叔叔借。」林叔叔與我本為舊識，我們一同去找他，他說：「沒問題，你們拿去用。」

我們上了車，打算開吉普車往豐原。結果，有了車，卻沒油，餘油頂多開到新莊。沒辦法，好吧，開了，先過橋再說。

我們在吉普車的車頭兩端插了國旗，車身漆上紅白二色，希望阿兵哥誤以為這是某單位的通行證。偽裝完畢，我們上車，踩緊油門，咻的一聲，快速通過橋頭的六個衛兵。才過了三分之一橋面，那六個兵就從後面開槍追過來了。臺北橋另一端的三重埔也立刻重兵阻攔，一字排開，強要我們停車。時至而今，前後都有追兵，我們只好不予理會，加緊油門衝過去。阿兵哥見我們不聽喝止，就開槍了，咻咻不止的子彈，一發接著一發，幸好沒有打中我們。我們平安通過臺北橋。但是還沒開到新莊，吉普車故障停擺，再也開不動了。

我們只好下車，去找我的同學劉啓輝，他是臺灣忠義服務隊新莊分隊分隊長。後來又找另一位同學蔡德壽，找他借衣服換，他拿他父親的衣服給我。我穿著簑衣草鞋，扮成農夫，從新莊走田間小路，經龜山到桃園，途中曾看見許多阿兵哥乘坐軍車呼嘯而去，但沒有人理會我這個草地農夫。

到了桃園，我本想搭火車，見火車站周圍站滿衛兵，我只好繼續步行。如此這般，靠兩條腿走到苗栗，才搭上火車，前後總共走了三天三夜，夜裏就在土地公廟隨便睡睡。坐火車回豐原，又轉往東勢母親的娘家。我有個表哥早年被「番王」招贅，算是山地部落的小王爺，我又逃往表哥的「番仔寮」躲著。當初母親也要父親躲在東勢，父親不肯，堅持去八里坌等船，因而被捕。我們只能說，可能是命中註定吧！

六月，母親找人叫我出來自首。母親說，六月二十四日學校舉行畢業考試，如果不考試，無法畢業。鍾樂上校長和陳光熙訓導主任已和警備總部交涉好，叫我出去自首，應該沒事。

於是我整理行李，回臺北，到警備總部（如今的監察院）辦理自首手續，然後參加畢業考試。

組織臺灣愛國青年促進會

畢業後，蔣渭川等人又組織了一個「臺灣愛國青年促進會」，邀我參加。我沒有參加，有一個小學同學，名叫孫天來，他說：「你何必參加這種會，我們自己來組織啊！」蔣渭川的會好像沒有組織成，於是我們自己就組織臺灣愛國青年促進會。組成後，因為缺資金，九月，我找林獻堂的弟弟林階堂籌措款項。林階堂是父親的好友。他一聽我的想法，就說：「好，沒問題，我捐五百萬，你去組織，但是成員素質要精選，確是愛臺灣的優秀青年才行。」

成立臺灣愛國青年促進會，是因為我已知道太多臺灣人犧牲了。當時我還年輕，不怕死，以前的說法是「日本精神還在」。看到國民黨的官員腐敗無能，我認為，非組織一個團體來改革不行。就是這麼一個單純的想法，完全不知道國民黨那麼殘忍，二二八的屠殺之後，還有清鄉和白色恐怖，越來越厲害，死了更多人。成功中學學生隊隊長游英，帶領兩百多個成功中學學生維持治安，沒死於二二八事件，也死於後來的白色恐怖。

李日富是延平學院學生代表，在臺灣忠義服務總隊當總務副組長，負責北署，後來也是死於白色恐怖。他們兩人其實都是寃枉的，參加二二八事件的治安工作是事實，但絕對沒有參加共產黨。

一九四七年十月一日，臺灣愛國青年促進會正式成立，最高目標是臺灣自治。林日高幫了一些忙，也介紹我不少朋友，事後我才知道他們是共產黨員，其中的葉傳華後來被捉去綠島關十幾年。組

一九三八年在神岡庄祖宅前全家合影。前排右一為廖德政，右二後站立者為廖德雄，右三為廖進平。（廖德雄提供）

織尚未完備，十一月中，新莊支部就出問題了。新莊支部長劉啓輝，拿來路不明的宣傳品，私下流傳，有一個會員去理髮店分發時，恰好理髮店裏有一個客人是便衣憲兵。宣傳人員不知情，當場被逮捕，捉去憲兵隊，嚴刑逼供，問是從哪裏拿來的？後來問出是新莊支部劉啓輝，轟的一聲，憲兵馬上就找上我了。

憲兵隊特高組來我家時，我已聽到風聲，先行逃離。臺灣愛國青年促進會其實尚未組織妥當，只有臺北本部和基隆支部和新莊支部成立而已。十一月中旬爆發新莊支部事件，我再次逃亡。這次我逃往臺中縣神岡鄉岸裏國小教員林孟義的宿舍，躲了大約兩個月。

母親為了我，又四處奔波，四處找關係。憲兵隊有一個宋姓連長，很愛打麻將，常和李根在參議員等人打麻將。母親透過李根在介紹，送紅包給宋連長。母親先交涉好，講好條件，才叫我出來自首。

到了憲兵隊，他們叫我寫自白書，把來龍去脈寫清楚。我坦白寫了，說我不是共產黨員，他們不相信。他們要我把全臺負責人名冊給他，我說只有臺北、新莊、基隆成立支部，他們也不相信。我被刑求得很厲害，灌水或什麼刑求招式都有。他們又查出我是二二八事件忠義服務隊副總隊長，有關我的資料都出來了。二二八事件時，我擔任治安組副組長，並沒有用真名，用的是假名。所以憲兵隊至我家逮捕父親時，和後來我去警備總部自首時，黑名單上找不到「廖德雄」這個名字，我才能夠躲過一劫。

我被刑求得那麼厲害，可能是宋連長沒有把錢分配妥當。有一個排長對我很照顧，另一個排長拚命打我，可能是連長沒分給他錢，他心有不甘。

林獻堂、丘念臺聯合保釋

刑求之後，他們加給我的罪名是「叛亂分子，組織祕密會」，其實罪名都隨便他們加。他們寫了十個臺灣仕紳的名字，叫我找兩個人來保釋。憲兵隊開出來的十大仕紳，我記得大約是黃朝琴、林獻堂、丘念臺、游彌堅、劉啓光、連震東、謝東閔等人。母親去找林獻堂先生做保，並且請他再幫忙找一個保證人。林獻堂先生說：「保思想犯，我能嗎？」林獻堂建議母親再去找丘念臺。丘念臺住我家附近，與我父親相識。丘念臺是半山，從大陸回來，「心臟比較強」，答應了。我被關了五十天後，林獻堂先生和丘念臺先生把我保釋出牢門。

林獻堂說：「我幫你保政治思想了，你不能再亂來。」

一九四八年一月，我出獄後第二天，聽林獻堂之囑，到彰化銀行城內分行上班。

一九五〇年，林獻堂舉家出國，要帶我一起走，我也以他的祕書身分申請出國，但是國民黨不准。我祖父廖乾三和林烈堂先生是換帖兄弟，當時廖家在葫蘆墩，林家在霧峯，都是當地的大地主。林獻堂先生一直很疼我，兩家為世交。

我的祖父廖乾三曾任葫蘆墩區長。日本占領臺灣時，祖父帶領一〇八個村民在后里大甲溪附近與

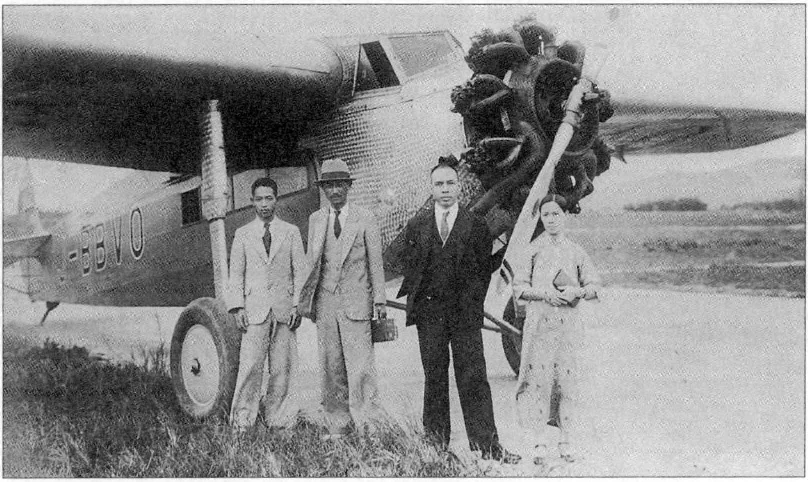

左二為廖進平。（廖德雄提供）

日本兵打過仗，打不過，帶家屬前往豐原水源地山地區，豐原的老部屬與日本兵講好，要祖父出來投降。祖父後來並暗助廖添丁、簡大獅、林少貓、林天福等人的武裝抗日活動。一九一三年，祖父與霧峯的林烈堂兄弟、清水的蔡蓮舫家、板橋林本源家、鹿港辜顯榮等仕紳共二〇四人，集資建立臺灣人自設的臺中中學校（今之臺中一中），後來又徵募資金，創建岸裏公學校（今之岸裏國小）。豐原廖家是望族，目前的縣長廖了以是我曾叔公那房的。論輩分，西螺廖文毅要叫我叔叔。戰後他到臺北，在我家住兩個多月，父親介紹他給黃朝琴，他因之到臺北市政府任職。二二八事件後，廖文毅輾轉到香港和日本，成立臺灣共和國。為此，調查局常常來找我，要我去東京勸他回來。我說，這件事不可能。但這也是後話了。

我在彰化銀行工作期間，沒出什麼問題。林獻堂先生如果沒有去日本，我還可以過日子，至少他會幫我忙。林獻堂出國不到一個月，就有人去密告我是共產黨員。是一個彰化銀行的同事，名叫林劍清，去打小報告，說廖天欣、朱憲賚和我，三個人是共產黨分子。風聲傳來，說要來捉人了。廖天欣心生恐懼，因而逃亡，後來被捕，關在綠島十幾年。林獻堂出國後，我原本就不太想在彰化銀行待下去，又被密告，銀行人事室找我去問，我說：「不可能的事，我不是共產黨員。」彰化銀行主任葉榮鐘與我父親是舊識，林獻堂赴日前特別交代葉，要他照顧我。為此，葉榮鐘特地去向警備總部說情，說我不可能參加共產黨，他敢替我保證。

此一風波後，我未因而入獄，但銀行要我辭職，我也不太高興，就辭職了。之後和李仁貴的弟弟李宗發在永樂町做五金大賣。並陸續做其他生意。

追討元兇，直至伏法

以後，我被列為黑名單人士，情治單位每個星期或兩個星期，都要來調查我的動向，問我：「吃飽了沒？」我不能出國，樣樣事都不能做。

白色恐怖時我又被捉了一次，再度關五十天。那次是葉傳華案，他被捕時，警備總部的人在他的記事本裏找到我的姓名和電話號碼，警備總部就來捉我。葉傳華被關了十一年，我無辜受波及，也被逮捕。

聽說警總要來捉我，因為我與調查局相熟，利用情治系統之間的矛盾，故意躲往調查局，送紅包，寫自白書，關了五十天，以為避禍。出來後我經營金融新聞周刊社，社論裏寫了「上海大公報如何如何」，沒多久，就被停刊了。

之後，我曾申請出國幾十次，都不准。我有朋友王迺興任職警備總部，我去拜託他，直到一九七一年才准許出國。以後再出境，也被刁了好幾次。

雖然命運坎坷，想來想去，也算命好命大，生逢亂世，幾次應死而未死。

我的看法是，二二八事件的遠因是福州幫橫行無法，貪污腐敗，二二八事件的發生，不是國民黨和老百姓的鬥爭。而是國民黨裏面「中統」和「軍統」的鬥爭。兩個派系鬥得局面無法收拾，蔣介石派二十一師過來，才死了那麼多人。如果不派二十一師來，還不會死那麼多人。二二八事件時，如果只用原有的憲兵兵力維持秩序，臺灣的局面有可能平靜下來。蔣介石派兵來，展開屠殺，才變得不可收拾。臺灣真要作亂，三月四日就打起來了。有許多海南島回來的臺灣人日本兵，三月五日都糾集到太平國小，準備武力抗爭。父親和白成枝趕緊去勸止，說：「別這樣，不要用武力，我們和平解決。」才緩和下這個行動。

當時我們學生隊都是主張武力應戰，海外歸來者和二七部隊也主張如此。我們擁有一些武器，不多，但是我知道哪裏有武器，六張犁和圓山的海軍倉庫都有，而且看守的兵力很少，我們打算去搶，被父親等長輩阻止。

如今回想起來，父親那一輩的人，想法是不對的。臺灣人應該要武力反抗，但我們年輕人全都聽老輩人的話。

蔣渭川擔任內政部常務次長時，我與鄧進益、呂伯雄、張晴川、白成枝等人，曾要求他發公文到各地縣市鄉鎮公所，調查二二八事件時的死亡和行方不明的人數。一年後，在蔣渭川公館，曾向我們報告，死亡總計一萬七千多人，失蹤五千多人。

蔣介石的軍隊登陸後，沿路的掃射屠殺，大多是二十一師造成的。各地菁英的死亡失蹤，則是死於軍統柯遠芬手裏。父親這些人的死亡，柯遠芬是元兇。柯遠芬認為我父親等人是ＣＣ派，其實不然。柯遠芬不殺外省人ＣＣ派，只拿他們以為的臺灣人ＣＣ來修理。

從頭到尾，我們都被柯遠芬騙了。蔣渭川早和陳儀講妥條件，人事改組，重用臺灣人等，國民黨可繼續統治，大問題解決，就沒問題了。陳儀告訴蔣渭川說，他準備辭職，要推薦比較受臺灣人尊敬的人來當主席。我相信他真的想如此做，不是拖延戰術。因為，依我看，陳儀畢業於日本士官學校和陸軍大學，娶日本妻子，無子嗣，想法中多少有些日本精神，不至於太亂來，最終他也是被柯遠芬利用了。

我一直主張，二二八事件的元兇是柯遠芬。他在二二八事件之前，就說「擒賊先擒王」，早就開始派出線民，收集各地菁英的資料，準備伺機一網打盡。事件初始，他報告陳儀，說各地叛亂情況非常嚴重。陳儀據此報告給蔣介石，蔣才派兵過來臺灣鎮壓。

柯遠芬如今還活著，住在美國，我們應該追討元兇，直至他伏法才是。

林至潔：我們的故事，是一段臺灣人奮鬥史的縮影。（張炎憲攝）

郭琇琮（臺大醫院醫生、學生聯盟主席，死難者）

受訪者：林至潔（郭琇琮妻）　　訪問者：張炎憲、黎澄貴、胡慧玲
時　間：一九九五年十一月二十日　　記　錄：胡慧玲
地　點：吳三連臺灣史料基金會

如果沒有二二八事件，也許我們就不會走這樣的路了。二二八事件之前，國民黨也利誘過郭琇琮，要請他當官。但是他不肯，寧可在醫療專業上找一些志同道合的人一同到烏來等地義診。有時候，他甚至想像史懷哲那樣，到非洲行醫。倒是我說：「單單臺灣人，你都救不完，只要到山地去做就好了，何必遠赴非洲。」

我兒子出生時，郭琇琮給他取名「明祥」，以示「明天吉祥，革命有希望」的象徵。他和我性格相似，都喜歡文學藝術，一旦要給小孩命名的時候，還是先想到革命。

不多久前，臺北第三高女召開同學會。日治時代，第三高女是臺灣最優秀的女子學校。辜顏碧霞現在是第三高女聯誼會會長，李登輝的太太、彭明敏的太太、黃信介的太太，都是我的同學，二二八受難者吳鴻麒的太太楊熹治則是我們的刺繡老師。我們不分什麼主流派非主流派，也不分什麼國民黨反對黨，同學就是同學，大家聚在一起，不談政治，只說一些兒孫的事。都已是近黃昏的人了，如果一定要說彼此有什麼不同，她們或許比較好命，我就不一樣。我本來可以很平順，很幸福，做個平凡的女人，環境使然，慢慢就有了不同的人生走法，現在六十八歲了，還不能止歇，還要一直奮鬥下去。

士林書香望族郭家

我是林至潔，郭琇琮的妻子。

郭家是士林的書香望族，祖宅在大東路五十四號，那幢房子目前荒廢著，兄弟們打算以後做為郭琇琮紀念館。清朝時代，祖父是秀才兼作漢醫，日子還過得去。到了父親這一代才步向富裕。郭琇琮的父親郭坤木就讀師範學校，但畢業後卻進入銀行界，最先是在日本人的銀行工作，調派到板橋當支店長。他為人處世很成功，頗受愛戴，很日本風。郭坤木的致富，歸因於擅長運用資金賣買股票，一次大戰時，賺了很多錢，到了昭和十年，現金就差不多有五十萬元，新店一帶還有很多的田地。板橋林本源家欣賞他的才情，請他代管五年一收的租務和帳務等事。他和霧峯林家來往頗密，與林獻堂等人以詩友論交，一九五〇年代，林獻堂離開臺灣，大小事情都交代他，彰化銀行第一股東是林獻堂，第二大股東就是郭坤木，郭坤木後來曾任彰化銀行常務董事、總經理和董事長。

郭家子女眾多，品學皆優。郭琇琮的三個姊妹都畢業於第三高女，大姊還是第三高女創校以來成績最好的。他的大哥和李鎮源同班，是臺北帝國大學醫學部第一屆。他有兩個哥哥和兩個姊夫都學醫，因此，他父親一直想開一家綜合醫院。郭琇琮有三個弟弟。

郭琇琮一九一八年出生，一路讀當時的日本貴族學校「樺山小學」、臺北一中（如今之建國中學）上來，林挺生、辜振甫是他的學長。臺北一中畢業後，以第一名的成績考上東京工業大學，父親反對，親自赴日阻止。郭琇琮讀了一個月，被迫束裝回臺，重新考入臺北高等學校。一九四一年，考入臺北帝國大學醫學部。

特別的是，他同時擁有臺北帝國大學醫學部和臺灣大學醫學部兩張畢業證書。照說，他應該在日治末期，一九四五年三月畢業，因為參與反日運動，被捉去關，坐了一年多的牢，來不及參加畢業考試。依日本學制，學生自認為準備妥當後，可個別與老師約定考試。郭琇琮出獄後，他的日本老師特地補頒給他一張臺北帝國大學的畢業證書。戰後，杜聰明擔任第一任臺大醫學院院長，很喜歡郭琇琮「一個年輕學人的反抗日本帝國主義的思想和行為」，以郭琇琮畢業自臺大醫學院為榮，要他再去考試。郭琇琮通過考試，又拿到第一屆臺大醫學院的畢業證書。可惜，那些文件都因為當年的抄家逃亡，被家人燒光了，只留下僅有的幾張照片。

一九三八年左右，郭坤木全家福。後排左二即郭琇琮。（林至潔提供）

郭坤木側身銀行界，但是和文化界的人士交游頗深，自己也能吟詩作對。郭家祖宅是一幢四層樓百多坪的房子，樓下有琴房，供小孩學鋼琴；中間是客廳，和一道掛滿名畫的走廊和書房，樓上有一間四十多席榻榻米的房間，讓郭家子女的同學聚會，郭琇琮的兄弟姊妹的同學，常常在他家進進出出。當時士林的學生很多，到現在還是如此，早期就有陳泗治先生和基督教會在那裏辦學，日治晚期，高等學校之外，又有預校，讀三年可以考大學，所以學生更多了。郭琇琮帶著一羣士林的學生，或演話劇或辦文化展和醫學展，非常團結和活躍。

我和郭琇琮初認識時，他一直不肯帶我去他家。那麼大的房子，一看就知道是有錢人，他認為女孩子會搞不清楚自己是想嫁那個人，還是想嫁給有那幢大房子的人家。交往半年，我只知道他是醫生，其餘一概不知，他從來不提起他的家世。直到他父親病重，郭琇琮向我提起婚事，才說：「來，到我家去，向我爸爸說一聲。」我第一次去他家，看了嚇一跳，「那麼大的房子」。我父親和郭琇琮很投機，很談得來。母親則始終反對我嫁給他，她希望我嫁給另一個醫學博士，她說：「搞政治的人，哪個政府來，就反哪個政府。」那個醫學博士現在還健在，有時遇到了，還笑說，我們是老朋友，差點當了他的太太。

與郭琇琮的傳奇相會

至於我們林家，祖先在三角湧（如今之三峽）開墾，在烏來經營木材工廠，日治時代起就做木材外銷的生意，後來也做藥材的買賣。祖父也是漢醫，經營運輸業，在三角湧很有名望。

我的父親林水木畢業於師範學校，赴日就讀法政大學。我出生時，父親已經從三峽老家遷居臺北，住在後車站承德路一帶，父親擔任過該區的區長和議員。日後，父親曾經一度和吳三連競選過臺北市長。蔣介石查到他的女婿和女兒正在「跑路」，特地「召見」他，要他禮讓吳三連。蔣介石提出條件，叫他不要選市長，合作金庫董事長和農林公司董事長兩個職位，隨便讓我父親挑。父親眼見當時情勢惡劣，國民黨整天槍斃人民，從政相當危險，一方面也怕因為選舉害了自己的女兒和女婿，於是答應蔣介石，退選臺北市長。父親沒有管錢的經驗，再加上當時農林公司土地很多，長安東路一帶還有牧場，於是捨合作金庫，擔任農林公司董事長。

父親在日本政界有些「大臣級」的人脈關係，國民黨常常要他到日本作「政治獻金」，捐給岸信介和佐藤榮作等親國民黨的人。父親在農林公司雖然名為董事長，但沒什麼決策權，國民黨又派主任祕書等人監視他，董事長一職有名無實，父親於是辭退農林公司職務，回到自己的事業上。

至於我自己，一九二七年出生，臺北第三高女畢業後，曾赴日讀女子大學，修習醫護營養學科，戰後回到臺灣。那時郭琇琮已經出獄，擔任臺大醫院外科醫生、臺灣省行政長官公署民政處衛生局的防疫股長，常常在報紙上撰文。也是從那個時候，我開始注意到有郭琇琮這個人。

臺灣的醫界，一直分有兩派，一派以賺錢為目標，另一派則傾心於醫學研究和醫療服務，宜蘭的陳五福醫生就是我先生的同學，屬於志同道合的。我常常在報紙上讀到郭琇琮的文章，有一次，我向

臺大醫院，郭琇琮除了在此擔任外科醫師，還到處義診。

小學同學張月鳳說起，「這個人寫那麼多文章，都只關心學生，說一些『科學報國』的抽象問題，卻不關心婦女問題和弱勢團體。」

張月鳳恰好是郭琇琮在衛生局的同事，她略略告訴我郭琇琮的故事。她又去向他說：「某某小姐這樣那樣的批評你。」郭琇琮很好奇，想與我一見。我們就這樣見面了。這見面成了我生命的轉捩點。

見面之後，他約我們禮拜六到江山樓旁邊一棟四層紅磚房子。我說：「幹什麼，江山樓我不敢去。」他說：「妳不是關心婦女問題嗎？來看看就知道。」我和同學真的去了，到那裏，四周一看，嚇壞了。紅磚房子裏面，有很多患了梅毒的女孩子，才十七、八歲，身上已長滿膿瘡。老娼只拿鴉片酒給她們止痛，不幫她們治病。郭琇琮在延平北路太平町義診，發現這種狀況，就去幫她們治療，幫她們擦洗身上的膿瘡，給她們打針吃藥。那時黴素才剛問世，很貴，郭琇琮一個月薪水一千三百元，一支黴素就要八十元。我沒問過郭琇琮是花自己的錢，還是向家裏要的，反正他就去買黴素來給她們注射。看完病以後，還去買米漿和油條給她們吃。郭琇琮看見我們倆愣在一旁，對我們說：「去，去和她們說話啊。」我看了很害怕，那些女孩子臉上充滿殺氣，連鼻子都長瘡。郭琇琮說，他每個禮拜要來兩、三次，有時自己一個人來，有時帶同事或學生來幫忙。「這麼可憐的女孩子，我幫她們忙，怎麼敢在報紙上寫出來給人家知道呢？」他說，「我們不是不關心，有時也想組織一些人來救她們。妳們這些好命的小姐什麼都不知道。真的關心，來參加我們的義診好了。」

我很感動，雖然面對梅毒病人很害怕，郭琇琮教我們如何預防，我們就敢去幫忙了。我之所以參加社會工作，就是受到他的感動，只是沒想到後來變成政治問題了。郭琇琮真的很熱心醫療服務，很有人道關懷的精神，也有很多志同道合的朋友。如今想起來很有意思，我和他第一次約會，竟然是在江山樓。

二二八事件與學生聯盟

一九四七年二月二十七日，大稻埕林江邁事件爆發後，各地反抗事件烽起，蔓延全臺，不可收拾。事後想想，臺灣人被國民黨統治一年多，仍然不了解中國人的特質，也不知道中國人的厲害。我父親戰前去過廈門、潮州等地，經歷過地方的械鬥，很清楚「中國仔」是怎麼一回事。他告訴我們，「不可以亂來，」父親說，「中國政府不是你想像的那麼好相處。」

情勢很亂，郭琇琮還帶我到處勘察。為了避免危險，他要我頭上帶一頂厚帽子，說，走在馬路上，「如果我趴下的話，妳也要馬上趴下。」就這樣，我才有機會在公會堂和延平北路等地，見到林茂生等人，聽他們談論時局。大家都認為，沒有一個臺灣人能進入政治舞臺，來管理我們自己的事。我還記得林茂生要學生不可盲目亂打，要區分清楚警察、軍人、憲兵和一般老百姓。

二二八事件處理委員會在公會堂開會，外面圍滿了學生在維持秩序，郭琇琮也進去裏面旁聽。幾次以後，我聽他嘆氣說：「被騙了，我們都被陳儀騙了，現在他們樣樣都說好，其實是在拖時間，不知道將來還有什麼變化。」

郭琇琮年紀輕，卻個性穩重，常說：「我們真可憐，都沒有發言權，只能靠行動，這種情勢只有用很激烈的革命才能打破，改造不行，一定要革命才可以。」關於革命，他強調了好幾次。

郭琇琮義診時認識很多人，再加上郭家是士林一帶的大地主，和四圍的蕉農很好，有很多朋友。另外，「三角埔」地方，有很多漁民，他休假的時候常去那裏抓魚，和當地人也很要好。此外，我父親在烏來有一個林場，六個鋸木廠，還辦了一個小學。我們去義診的時候，和當地的原住民朋友談及國民黨的貪污惡質，而且用機槍掃射學生，死了很多人，這樣的政府一定要想辦法打倒。很多泰雅族朋友，都是剛從南洋回來的軍夫和志願兵，大家用日語交談，口氣都很勇猛，想要一起下山行動。可惜後來他們在下山途中，被新店駐警阻擋。

二二八之後第四天，三月三日，以學生為主，和一部分郭琇琮義診時認識的人，組織反抗的隊伍。

學生聯盟開始分隊組織，郭琇琮被選為學生聯盟主席。單單集合在師大禮堂的學生，至少有五百人以上，都是臺大、師大、延平學院和三高的學生。如今幾位著名的臺大醫生，當年也都有參加學生隊。

陳儀把臺灣人當作是比殖民地還不如的次殖民地人民，學生自然反對。在反對中漸漸有了認識，知道應該怎麼做。正好郭琇琮是一個極愛活動的人，日治時代又有反抗政府坐牢的經驗，大家對他在政治上或人格上有一份尊重，願意聽他的領導。

學生想要抵抗，抵抗需要武器，武器是最大的問題。為此，他們開始收集武器，找原住民削了很多鋒利的竹竿，這是日本人的老方法。他還準備幾百支番刀和武士刀，藏在師大附近。

學生聯盟的成員戴著面罩，或以毛巾掩面，綁著「必勝」的頭巾，充滿一戰的決心。學生集合起來，首先計劃奪取華山倉庫的糧食和圓山兵營的槍械。沒有武器，就不能反抗陳儀，不能趕走那些貪汚的官吏。攻打華山倉庫和圓山兵營時，駐守的兵力很少，只有局部的肉搏戰，根本沒有打死人，就成功占領。在圓山拿到大約五十支步槍和一些子彈。

學生把華山倉庫的米拿出來，圓山的槍也拿走了。外面有風聲，說要抓郭琇琮，他就把帶頭的責任交給別人，自己轉到別地方活動去了。

學生聯盟逐漸發展成全島性的組織，號召起來的學生有幾千人。廣播也是全島都聽得到。

郭琇琮曾在新公園的臺灣廣播電臺廣播，他用日語和臺語雙聲說，要科學救臺灣，打破中國的封建制度，不要貪官汚吏的政府等等。他還說，「我們臺灣是次殖民地，走了一個皇帝，又來了另一個皇帝，還比前一個更厲害。」他也提到，「要用革命的方式，才能推翻陳儀政府。」

那個時代實在太惡質，臺灣人又太單純，只能走一步算一步。我從來沒有聽說學生們有哪些比較長遠的打算。後來我坐牢，接觸到大陸人，明顯感到他們很不簡單，和臺灣人完全不同。臺灣人和他們比，實在太單純了。大陸人近百年以來，局勢惡劣，生活困難，每個人都很會算計，不算計，根本

圓山明治橋，學生曾在此奪取兵營的槍械。（創意力文化事業有限公司提供）

沒辦法活下來。他們看事情和分析利害，都不像臺灣人那麼單純，那麼樸實熱情，那麼容易相信別人。

大量屠殺和撤退逃亡

三月八日以後，蔣介石的軍隊從基隆登陸，在全臺灣進行屠殺逮捕。華山和圓山事件之後，他們原來設計兩條撤退的路線，一條到桃仔園（如今之桃園），從文山木柵一帶進入山區，另一條到宜蘭的三星、冬山、羅東。郭琇琮沒有按原定撤退路線逃亡，行方不明，我們四處找，不知他的去向，很擔心他是不是被捉或被殺了。直到我家車夫「旺仔」在大橋頭無意中看到他，見他留了鬍子做喬裝，上前相認，回來後講起，我們才知道他仍然活著。

三月中，白崇禧來的時候，殺死許多學生，屍體排得滿滿的。那時學生組織的主體是二中，現在的成功中學。日治時代二中就是最強烈反抗日本政府的，二二八的時候也是如此。至於一中，現在的建國中學，大都是日本籍的學生，臺灣人子弟很少。後來一中和三中合併，四中就是現在的附中，等於臺灣人多集中在二中，被打死的學生也以二中居多。另外，開南工商的學生也有死傷，延平學院傷亡最慘重。圓山和臺北工專路邊的屍體漸漸腐爛，蒼蠅飛來飛去，郭琇琮帶我偷偷去幫屍體蓋上草蓆，從穿著和年齡看起來，那些幾乎都是學生。

局勢稍靖，大約四月底，他才回家，並且回臺大醫學院和衛生局上班。衛生局的經利彬局長是外省人，北京大學畢業的，留學美國，擔任過北京協和醫院院長，人很民主，沒有官僚作風，和同事相處融洽，二二八正亂時，沒有人找他麻煩，許多醫生還幫忙保護經局長和家人。郭琇琮回衛生局和臺大醫院上班後，大家問他，「這一陣子到哪裏去了？」他回答說，「去了日本一陣子。」熟悉他的朋友都曉得，二二八大搞一場之後，面對從中國派來的國民黨軍隊，他一定要小心。二二八事件處理委員會大多是紳士階級出面領導，郭琇琮的「行動」，也以假名進行，身分雖然略有暴露，還不是很明顯。

或許也因為我們和學生在一起，比較靈便，後來我們聽說有一些社會賢達，像王添灯、陳炘和很多其他人被活埋，埋在如今忠孝東路四段合作金庫大廈附近。那裏原先都是一些較少種植的水田，國民黨軍挖了一個很深的大坑，活埋了很多人。附近的鐵路支線一帶，十五、六年前還傳說晚上會聽見鬼哭聲。但是都沒有挖出過骨頭，因為那是五十年前的事，骨頭早都化了。不過近兩年來，三張犁和六張犁挖出白色恐怖時代的屍骨，還找得到大骨頭和腳鐐。

人道主義和社會關懷

郭琇琮「跑路」的時候，我不感到害怕，後來還是堅決嫁給他。我們只覺得兩人志同道合，心裏充滿人道主義的關懷。那麼多人受苦受難，我們家出入有車，還有陪嫁的ㄚ頭，心裏更加同情別人。二二八事件前，郭琇琮幫江山樓的妓女義診梅毒，我就看得出他有社會主義的精神。他告訴我說：

「妳看，臺灣女孩子有像妳這樣好命的，也有像她們那樣歹命的。趁著我去買米漿的時候，妳問一問她們的身世和遭遇。」

郭琇琮頗精琴藝，可以演奏蕭邦的曲子。他喜歡和工人階級交朋友，常對他們說，我能上大學，彈琴唱歌騎馬逍遙，只是運氣好，因為父親有錢。如果不是這樣的出身，我也和你一樣要做工。至於我們要怎樣平等生活，就要各自努力，你將來也可以讀夜間部進修。

我受郭琇琮的影響，常常反省自己的「好命」。我覺得，自己吃好穿好，對那些受苦的人，非常失禮，非常對不起。有時寄舊衣物給窮人，都覺得很不好意思，恨不得能給人更好的。

我們之所以會產生那樣的思想，可能是年輕時受到日本白樺派思想家的影響，初步了解社會正義，懂得對人和生命的尊重。我們都喜歡和平，關懷人類，信仰人道主義。如果不是這樣，以我們郭林兩家的家世背景，可以過無憂無慮的生活，不會朝向這樣的路走去才對。郭琇琮的父親，行事也是如此，大方慷慨，七月半拜拜的時候，整條士林街頭街尾的雞鴨魚肉供品，都是他家出的，拜祭神明，散錢給窮人。雖然也可能只是有錢人的面子和派頭，但是他們家一向是這樣大方的地主階級。或許這也是郭琇琮出身這種家庭，幼受庭訓，最後走上關懷社會那條路的原因之一。

他也受徐征的影響。徐征被聘到臺灣農林專科學校（今之中興大學）教北京語，訓練一批要去管理大陸的人。徐征屬於中國五四時代的人，受過魯迅等左翼人士思想的洗禮。魯迅和郭沫若等人又都是留學日本，受到「白樺派」的影響，把他們的人道主義精神帶回中國。徐征從日治時代就到臺灣，

29 Taihoku Imperial University, Formosa. (臺北) 臺北帝國大學
臺灣最高學府、設備萬端新しきをとり優に日本一を誇る
大學

臺北帝國大學（今之臺灣大學）大門，一些帝大學生隨徐征學中文，受其人道主義精神影響。（創意力文化事業有限公司提供）

一些臺北帝大的學生，跟他學中文。徐征本身沒有組織，但是很用心的教學生。當時接收臺大醫學院的，是賴肇東、許強、翁廷俊和李鎮源等，李鎮源比較木訥，前面三個人在白色恐怖時期都出事了。像許強的內科研究，當時已是諾貝爾醫學獎的候選人，可惜被蔣介石槍斃。他替臺大醫院的同事和學生爭取許多經費，還領導過臺大醫學院的罷工，當年的報紙還找得到資料。

至於郭琇琮如何形成具體而細微的政治理念，我認為應該是他喜愛閱讀，勤求知識之故。日治時代的高校生求知風氣強，他們都是整天讀書的。高校生活對他們很重要，很多人認為大學只是職業訓練，高校時代才是他們大量讀書，和老師討論，啓發思想的時期。無論自由主義還是軍國主義都有人教，再進入各種哲學思考的領域。

郭琇琮也送我一些哲學書籍，他說，妳們女生都只看文學，不讀哲學。我確是如此，這多少受到我父親的影響。我母親懷孕時，父親就向「新潮社」預訂了《世界文學全集》，出版社每個月寄來一冊。父親說，如果生的是兒子，書就給兒子，如果生女兒，以後就當嫁妝。《世界文學全集》全套四十多冊，直到我三歲多，書才到齊。至今，我家那些六、七十年前的書，就是我母親懷孕時，父親一本一本買下來的。我小學四年級時，功課作完，童書也看完了，就去翻那套書。父親告訴我，那是妳的嫁妝。我讀不懂，仍然很艱辛的讀完了《茶花女》、《基度山恩仇記》、《簡愛》、《罪與罰》、《孤星淚》等等小說。

我真正懂得欣賞文學，大概是二十歲以後。父親鼓勵我們讀書，一般女孩子學的是刺繡女紅，我

郭琇琮與林至潔的結婚照。（林至潔提供）

都不會，只會讀書討論，寫文章投稿。結婚前，我告訴郭琇琮說，我不會煮飯做衣服。他說，不要緊，最要緊的是讀書學習，以後有本事貢獻社會。傳統女人熟悉之事，我都不會。出嫁時，母親很擔心，怕我舉不起郭家的大灶，還陪嫁一個丫環給我。而我，本來就喜歡文學，又因為丈夫鼓勵，進而閱讀哲學、政治學的書籍，也是很自然的事。我到三、四十歲，出獄後，才逐漸學會燒飯。

我們那個世代的人，受日本教育的影響，大多喜歡讀書求知思考，往後教書的日子，也都和書本分不開，甚至和郭琇琮交往，對別人來說是談情說愛，我們反而像在思想訓練。他常常拿報紙給我，要我先看某些文章，要我評論。我的思想和見解，一部分來自郭琇琮，另一部分來自牢獄之災。在牢房裏有機會接近幾位大師級的難友，加上國民黨不斷舉辦的「洗腦」討論會、座談會。我們自嘲說，十年的牢，等於用性命換了一個政治博士了。

認識廖瑞發、蔡孝乾

二二八事件期間，郭琇琮和謝雪紅、蘇新等臺共人士沒有聯繫，因為他們年紀較長，輩份較高，郭琇琮也沒有和王添灯、陳逸松、林茂生等人密切來往，他們也都是前輩。郭琇琮只是單純的學生領袖，反對國民黨的統治。二二八事件之後，遇到廖瑞發，才是另一個開始。

廖瑞發，新莊人，舊臺共分子，和林日高、王萬得、蘇新等人都是同志。二二八事件後，他輾轉聽到郭琇琮的事跡，自己找到我們士林家來。那天，他帶了一盒餅，說要找郭醫師談病情。我告訴他，郭醫師還沒有下班。他把餅盒放下來，騎著車子就走了。郭琇琮回家來，打開餅盒，看到一個紅包，紅包裏面包有二十萬元，餅乾盒子後面寫著廖瑞發新莊的地址。郭琇琮連飯都不吃，立刻騎上腳踏車，趕赴新莊，依著地址去找他，要把紅包退還。結果半夜兩點才回家。

後來我在牢裏想及，廖瑞發他們知道郭琇琮是學生聯盟的領袖，一定是那天晚上就開始拉攏他。如果沒有這個狀況，以後也不一樣了。

七、八年前，我訪查，才知道在案發後第二年他就被槍斃了，罪名是領導新莊、二重埔、三重埔的工人反抗國民黨。二二八之後，謝雪紅、蘇新、王萬得等人都逃到香港，廖瑞發痲瘋病發作，沒有辦法逃走，被送去樂生療養院。樂生療養院院長夫婦是臺灣人，很贊同廖瑞發的思想，白色恐怖時，院長和太太、兒子等一家人，都被抓去坐牢。廖瑞發我也見過，工人出身，看起來是很有智識，很有修養的人。

和廖瑞發接觸後，郭琇琮開始積極在校園和街頭發展組織，可惜這些都是我以後讀別人的記載才知道的。郭琇琮從來不帶我去參加他們的活動，他只偶爾很感慨的說：「我們現在很苦，等推翻了國民黨，我們就和大家過太平的日子了。」我是個家庭主婦，不懂政治，偶爾參與慈善救濟等社會工作，並沒有接觸他們的組織。案發後才知道他們的組織裏有臺大學生、郵政、電信界的人。演出《白蛇傳》時，我略略感覺到，那些電信局和臺大的學生有點特別。郭琇琮說：「不要問了，到後臺幫忙就可以。」我就揹著小孩，到後臺去幫忙摺衣服，搬道具。除了舞臺演出，有時也請士林陳泗治牧師的百人合唱團來表演，也是郭琇琮去找人來參加。種種跡象可以察覺到，在學生裏面，他確實很有號召力。

郭琇琮曾在《光明報》投稿，用的是筆名。但他是否和基隆中學事件有關，我並不清楚。《光明報》是機關報，他從來不帶回家。其實他做的事很多，都沒有告訴我。

七、八年前，我開始想，可能蔡孝乾和廖瑞發等人，早就注意到郭琇琮。他們送了二十萬的紅包來，就是想試試看郭琇琮會不會收。

他們初認識時，郭琇琮只知道廖瑞發曾經領導過工人運動，但是不清楚他們的組織，不過我認為他們倆一定已經有了某種共識。後來，經由廖瑞發，認識了蔡孝乾。

蔡孝乾是日治時代文化協會的人，認識賴和等文學界人士，也動員過農民組合和二林蔗農的人，這些都是以後我讀史料才知道的。蔡孝乾在文化協會和鄉土文學論戰時，表現很好，誰想到後來他會背叛信仰和同志，牽連出那麼多人。戰爭期間，蔡孝乾轉赴上海，參加過中國共產黨的二萬五千里長征。吳思漢醫師也去過大陸。吳思漢畢業於日本京都大學，受過河上肇和西田幾多郎的影響，從朝鮮赴中國四川，寫過一篇〈尋找祖國千里也不遠〉，戰後回到臺灣，才開始反抗國民黨。李登輝當年也受吳思漢的影響。我相信郭琇琮也同樣受到當時日本思想界人道主義和反戰思想的影響，至於階級意識，應該不是主要的關心，因為他們的出身很好，沒有受到階級壓迫。

一開始，郭琇琮只知道蔡孝乾是以前文化協會的人，不曉得他還有中共蘇維埃宣傳部長的身分。

漸漸熟稔後，郭琇琮和其他幾個年輕人曾赴香港，與周恩來見面。當時，徐州會戰已經打完，國民黨從四川退到廣東。當時的情勢，如今想來，確是有助於革命的氣氛。他們在香港參加了中共的集會和訓練，但那時候，郭琇琮的想法，只是要推翻國民黨，而推翻國民黨，只有靠中共的力量。

我們是一九四八年底結婚的，一九四九年春天，郭琇琮赴香港。當時，我們的小孩才出生。我們賣了幾張彰銀的股票，湊錢給他去香港。回來後，他才告訴我受訓的事，還說看了《白毛女》的話劇演出。又說反抗國民黨，要注意文化宣傳。由此事，也才有後來在中山堂演出《白蛇傳》的故事。我們用歌仔戲的唱腔和西洋樂器間奏，江文也編曲，蓬萊國小李淑芬老師指導舞蹈，郭琇琮負責改編話劇內容，用臺語演出，整齣戲充滿了對國民黨惡質統治的批評。臺大學生和一些郵政局的人演出，《白蛇傳》是郭琇琮第一次領導反對國民黨惡政的文化鬥爭。當時許多文學家的創作，像呂赫若的作品，也是同樣的意思。陳儀他們還不太聽得懂臺語，不知道這齣戲的「厲害」。案發後，演許仙那個人被槍斃了，編舞的李老師四、五十年都不敢說話，最近才又出來了。

那個時代，像郭琇琮那樣的年輕人，想要推翻國民黨，又充滿無力感。至於有多少社會主義思想，我覺得不然。日治末期禁止共產主義的書刊，戰後一般人也讀不到，有多少人真的有階級思想？可以確定的是，他們痛恨國民黨的惡質，因而想到「紅色中國是不是比較好？」我們都知道，那時的共產黨一針一線都不拿老百姓的，不貪污、不腐敗，令人敬佩。大家只想推翻國民黨，但是「往後要怎麼走」，當時都還沒有想到。和蔡孝乾等人接觸，大概就是為了和中共保持聯繫。郭琇琮和其他許

臺北帝大醫學校時代的郭琇琮是他少數幾張照片之一。（林至潔提供）

多的醫生，他們從高等學校開始，就受到當代日本知識分子反帝國主義、反軍國主義，和反戰的思想的影響，至於是否有階級意識，那是另一回事，只能說他們可能都是社會人道主義者。

整個說來，臺灣的政治活動和思想脈絡，因為受到帝國主義和封建主義的壓迫與束縛，最盼望的是能「親像人」受到尊重，能擡頭，有自己的發言權，安定和平的過日子。其實這都還是很傳統的價值觀，但自從我們相識以來，郭琇琮一直為了這些價值在「革命」，不但嘴上說說，而且實際去做，連他的兄弟都笑他像唐吉訶德。

跑路、武裝反抗與被捕

一九五〇年，基隆中學事件和《光明報》暴露，國民黨展開逮捕，並刊登出郭琇琮的名字之後，我們夫妻開始「跑路」。那天晚上，憲兵來包圍我家，父親和弟弟出面應付憲兵，母親要我把小孩留下，自己先走。我們夫妻倆從後門離開，此後有八、九個月的時間，我們前往宜蘭三星、南方澳方向，後來又坐車到嘉義，準備轉往阿里山基地。

我父母都不知道我們兩人到底做了什麼事，只知道我們在「反抗國民黨」。母親偷偷拿錢給我們，做逃亡的費用。我兒子那時剛滿週歲，還沒有斷奶，要離開，我很不忍，常偷偷打電話回家，我還曾要母親帶小孩出來給我看，離開幾個月，小孩就不認識親生母親了。

我們當時很積極，槍械都進來了，先後成立四個基地，分別是南方澳、太平山、霧峯和阿里山的臺灣蓬萊聯盟。阿里山的原住民因為吳鳳的緣故，與國民黨有矛盾。至於角板山、鹿窟和霧峯等地，我猜想可能是張志中領導的。蔡孝乾到處來來去去。太平山是郭琇琮領導的，南方澳的武器也是他弄來的。因為我有一位叫小林的日本老師，在琉球當市長，他可以拿到美軍的武器。那些美軍武器確實進來臺灣，四處的游擊隊都能武裝反抗。臺灣青年是真的開始訓練，打算和國民黨幹起來。雖然國民黨的大軍已到，看來看去都是敗軍殘部，士氣很差，心理上反而有點害怕臺灣人，有些阿兵哥其實和臺灣人很好。陸續逃到臺灣來的外省人，尤其學生，也有很多反對國民黨的，我們感到只要號召一下，連國民黨的軍隊都會反的。只可惜終究沒有得手就是了。

整個說來，參加武裝反抗的人，大多是臺灣青年，以福佬人為主，部分桃竹苗的客家人也參加，再加上阿里山的鄒族和角板山的泰雅族，烏來的原住民還沒有正式成立。還有一位姓黎的外省人，在角板山一帶的客家莊活動。客家人的活動集中在新竹苗栗，後來那一帶很多人被槍斃，被判重刑之後，目前服完刑期還健在的，也有不少人，都七、八十歲了。

如今回想起來，真是時勢造英雄。遇到那樣的時代，你非站起來不可。我們心裏想的，就是先翻倒國民黨再打算，至於怎麼改造臺灣政治環境，都還不曾想到。我們只覺得，共產黨可以作為打倒國民黨的靠山。

「跑路」嘉義時，我就發現，出門買菜時都有人跟蹤，甚至更早，我們一路走一路工作，從宜蘭到嘉義之間都是這樣，隱隱覺得有人跟蹤。

我們在徐姓兩兄弟家住了一個月，他們兄弟都是臺大畢業，家裏是經營木材行，哥哥在二二八事件後不久被槍斃，父親把骨灰收在櫥子裏，不肯入葬，因為他認為兒子是冤死的，弟弟後來也在白色恐怖時期被槍殺。一九五〇年五月二日，在他家，我們夫婦同時被抓。

每天都有人被槍斃

我們連夜被押往臺北，關在如今寶慶路遠東百貨公司後面，日治時代的憲兵樓，國民黨保密局的「南所」。圍牆用磚塊高高砌起，一共有一百零四塊磚頭的高度。我的牢房是一間八席大的房間，擠了四、五十人。我和郭琇琮，隔著樓上樓下，關在不同的牢房。每天看到很多人被拖出去槍斃，我們心裏都知道，情況很危險了。牢裏的窗子半開著，我們可以趴在欄杆上看外面，也可以互相呼喊。雖然不准一起「放封」，隔著遠遠的，我們照樣大聲對喊，根本不理會獄卒在旁邊罵。

劉明和郭琇琮關在一起。劉明被逮捕，因為他幫助呂赫若那些文化界人士。辜顏碧霞被捕，則是因為在家裏成立了「文化沙龍」，聚集很多作家，經常在那裏發表新作。呂赫若、張文環等人都在文化沙龍出入。小時候母親曾對我說，如果愛看書，可以到「歐巴桑」家。歐巴桑指的就是辜顏碧霞。辜家在四條通，從我家走過去才十分鐘。她家有餅乾可吃，有咖啡可喝。如今在書本上得知那些人都是臺灣文化界重要的前輩，小時候我們聽過見過，卻都不知道當時他們在想什麼寫什麼。

我在「南所」兩個多月，接下來是開庭，開庭後搬到辜顏碧霞的高砂鐵工廠，在大橋頭的「大橋戲院」對面，那家鐵工廠被國民黨沒收，把十幾間房子充當監獄，都是關政治犯。國民黨敗退到臺灣以後，各情治系統競相辦案，牽連了一兩萬人，有人只是照了一張相片，就被捉起來。我在大橋頭關了兩個多月，再移監到目前來來大飯店附近的軍法處。

印象中那時有一連串的案子，第一批都是學生，于凱案，共十九人，都是外省人。

判決後，我被送到東門附近的臺北監獄，再移到新竹監獄，後來又送回保密局。他們以為我還知道很多事情，沒有完全招供。其實不然，當時都是單線聯絡，我什麼都不知道。反而因為這裏關兩個月，那裏關兩個月，在牢裏認識了很多人，知道了很多事。

當時臺共的四個頭頭都被關。一個姓洪，一個姓黎，一個是蔡孝乾，三個頭頭都和國民黨合作，只有張志中堅持不肯投降，他很有擔當，從來不抱怨，從來不牽連別人，後來夫婦兩人都被槍斃。

張志中，嘉義人，游擊隊員出身，參加過中共的兩萬五千里長征，中共派他回臺灣當陸軍司令，領導武裝鬥爭。我們關在一起時，張志中好幾次趁著「放封」，用日語向我說：「妳不要講出去，會死的喔。」其他姓洪的、姓黎的和蔡孝乾三人「牽」出很多人，自己反而都沒有關很久，就放出來。蔡孝乾還去向楊逵說，他不是故意出賣大家的。但楊逵不理他。

比起美麗島事件的政治犯，我們那個時代的人坐牢，實在太慘了。四十八個人住一間，睡覺的位置只有一尺一寸寬，你一爬起來上馬桶，睡覺的位置就沒了。男監那邊聽說更慘。

美麗島事件的政治犯，坐牢時有書看又吃得好，我們什麼都沒有，每天吃醬油煮冬瓜，或是煮空心菜，一個月才一小塊肉。吃了十年，現在這兩種東西我都不再吃了。至於冬天，發給你阿兵哥穿的棉襖棉褲，一條毯子，一小塊肥皂，每個月一刀的黑草紙，另外還有一條毛巾和一支牙刷，沒有牙膏，只能沾肥皂。一個女孩子坐牢，就只給這些東西，連基本的生活用品都沒有。我心裏想，日治時代坐牢，也不曾這樣「酷行」。魯濱遜漂流荒島，大概就是這樣過日子。

要槍斃人犯時，大家差不多都心裏有數。凌晨時分，天尚未亮，窗戶半開，聽到獄卒拿鑰匙開牢門的聲音，臨刑的死刑犯大喊口號，就被拖到馬場町去了。那種點名叫人的時刻非常震撼，令人害怕。等我聽到自己的判決，十年有期徒刑，才確定命撿回來了。每個人都怕，一九五〇年秋天到冬天，每天都有人被槍斃，我一輩子也忘不了那種害怕。

郭琇琮被槍斃那天，是一九五〇年十一月二十八日。當天一共有十四個人被槍斃，包括許強和吳思漢。後來我聽劉明說，郭琇琮最後要求劉明給他一件白襯衫，準備穿上刑場，讓白上衣整件染紅。我原本也以為自己也可能槍斃，每天晚上作惡夢，夢見槍決時，子彈打在我身上，血流不止，我把衣服往胸前扯得緊緊的，想要止血，卻止不住，血一直從槍口流出來，一直流出來。出獄二十多年後，都還作這樣的夢。我害怕，床底擺一塊文鎮，半夜常驚醒，以為有人來掠我，隨時要和特務打架。直到最近十幾年來晚上我才敢開窗，以前都不敢的。

鹿窟游擊隊、南方澳游擊隊，和阿里山游擊隊被破獲後，很多臺灣學生被逮捕，坐牢時還戴上二十公斤重的腳鐐，郭琇琮也是這樣。一車一車的人犯載到馬場町槍斃，槍決後，隨隨便便拿四塊木板，釘一釘就埋了。幾年前，六張犁公墓發現了四百多具白色恐怖時期的屍體，聽說新店公墓也有二百多具。有些家屬按名牌來找，竟然發現自己親人的骨灰。有一名臺中商職的學生，當年才十八歲，參加霧峯的游擊隊，失蹤到現在，才發現只剩一個金字碑了。我在六張犁亂葬崗還看到一個姓羅的屍體，死的時候連衣服都沒有穿，粗大的腿骨釘著一副腳鐐。其他的土墳，都只看到名牌，連骨灰都找不到。

事隔四十幾年，我現在已經痲痺了，才能再講這些事。

臺灣人奮鬥的縮影

簡而言之，如果沒有二二八事件，也許我們就不會走這樣的路了。二二八事件之前，國民黨也利誘過郭琇琮，要請他當官什麼的，因為郭琇琮他能講北京話。但是他不肯，理由是，「還看不出這個政府到底是什麼，對他們也沒有認同和了解。」他寧可在醫療專業上找一些志同道合的人一同到烏來等地義診。有時候，他甚至想像史懷哲那樣，到非洲行醫。倒是我說：「單單臺灣人，你都救不完，只要到山地去做就好了，何必遠赴非洲。」

目前保皇黨、封建勢力，和法西斯的人，都出來耀武揚威，他們是有地盤和背景的。如果他們知道臺灣人是怎麼走過來的，大概就不一樣了。希望有更多白色恐怖時代被迫害的人，能站出來講話。早期的政治犯，生活條件還是很差，連自保都有問題，當然不敢出來講話。至於官方的文建會或省文獻會要大家來講或寫出來，就沒有人理他。我倒是自己可以寫的，還是要寫出來，這一段歷史才接得上，不會變成空白。也希望以後有人能比較客觀來評論當年單純的學生抗暴活動，能夠還原成單純的面貌。

算算，也已經四十多年了。今天能講出來，除了要記錄歷史之外，也是因為情緒上比較麻痺，才能夠回想。我的獨生子郭泰然，出生才幾個月，我們就出事了。父母親以為，即使有事，過幾個月，風浪就會平息。母親把他送到我三叔的姨太太家養，要看孫子，只能偷偷去看。我兒子真可憐，從小不知道父親的名和姓，跟著三叔姨太太娘家姓葉。一直到小學五年級，我出獄後，靠著我父親的人事關係，才讓他回復父姓。我兒子常埋怨我，「為什麼要跟著爸爸逃亡？」我說，怕國民黨找到我，要從我這裏問出他的下落。白色恐怖時期就像帝王時代，一有政治問題，會被抄家滅九族的。

我兒子如今在美國當腦外科醫生。朋友找他回臺灣，他想起父親的遭遇，也是搖頭，只能在海外捐款和關心而已。那時郭琇琮給他取名「明祥」，以示「明天吉祥，革命有希望」的象徵。郭琇琮本想再生一男一女，也要取和革命成功有關係的名字。他和我性格相似，都喜歡文學藝術，一旦要給小孩命名的時候，還是先想到革命。

我希望社會人士能夠了解我們白色恐怖時代的人。其實很多人的出發點還是愛這塊土地，愛我們臺灣人，愛大家日子更好。否則像我們家，經濟那麼好，受到很好的教育，何必投入那種事。後來我們家的財產也因此被沒收了很多。謝聰敏先生一直鼓勵我去把被沒收的財產要回來，都沒有辦法，即使辜顏碧霞也沒有辦法。士林某國小一帶，是辜顏碧霞的土地，那時候辜顏碧霞也差一點被槍斃，純粹因為國民黨想沒收她家財產的緣故。那些被沒收的土地值十幾億，如今土地被國民黨賣給私人，接著又轉賣了十幾手，如今要怎麼要回來呢？

被捕後，郭琇琮名下的彰銀股票，全被沒收，我家也是。甚至我父親也為我們的緣故，坐了兩個月的牢。我父親不能競選臺北市長，也由於這件事。父親坐牢兩個月，等我們被捉到，才放他出來。他參加臺北市長選舉時，先是一位姓林的中將來勸退，後來又是蔣介石召見，那時老蔣的話像皇帝一樣，誰敢反抗。

臺灣人行過的路，真的是崎嶇不平。從歡迎祖國，失望，自發性的二二八事件，到白色恐怖時代年輕人有組織的武裝反抗。雖然目前的政治訴求，各人有各人的立場，但就像一九二〇到三〇年代的鄉土文學論戰，日後還能重見天日，得到公評。這一段白色恐怖的歷史，以後也會有一些人用另外的角度來看，體會當時年輕人的心情，了解他們的行為，而給一個公道的評論。

回想前塵，我們的故事，也是一段臺灣人奮鬥史的縮影。我從牢裏回到社會工作很久，比較開放，也不害怕了。而且，目前在臺灣只有我一個人，兒孫都在國外，記掛少了，有許多我親自經歷的事件，我一定要講出來。不是為了族羣或階級，而是我一定要親眼看著國民黨衰敗，看國民黨走完末路。這也不是為了私人的恩怨，而是做為一個臺灣女人，受了這麼大的迫害，一定要伸張。其實那個時代，我們沒有什麼選擇。不走那樣的路，你叫我們跟誰走，又走什麼樣的路呢？

林麗珊：自從弟弟失蹤後，我一直期待他的出現，但是一年過了又一年，始終沒什麼消息，慢慢地，我也老了，這幾年才放棄希望。（張炎憲攝）

林麗鏘（臺大電氣工程系四年級學生，死難者）

受訪者：林麗珊（林麗鏘大姊）
　　　　陳俊謙（林麗鏘大姊夫）
訪問者：張炎憲、胡慧玲、黎澄貴
記　錄：黎澄貴
時　間：一九九五年九月二十七日
地　點：臺北市北投林宅

戒嚴解除後，我和我先生四處打聽、找尋弟弟的下落。起初我們想他住的地方接近螢橋，就到川端橋（今通往永和的中正橋）下的新店溪尋找。到了那，一片嚇人的景象，河面有許多漂浮的屍體，岸邊也有許多。有的兩三個人被鐵線穿手掌而過，綁在一起；有屍無頭的、眼睛突出的、斷手斷腳的、穿衣服，沒穿衣服的都有，都被泡得全身浮腫。我們一邊走一邊認，都沒有看到弟弟，想起來就傷心。

自小缺乏母愛

我是林麗珊，今年七十六歲。林麗鏘是我小弟，小我四歲，一九二四年出生，二二八事件發生時是臺大電氣工程系四年級學生。

祖父是清朝秀才，日本時代在嘉義市開設漢文學堂。中日戰爭爆發後，日本政府嚴禁教授漢文，但因為嘉義市的警察都是祖父的學生，所以祖父教書的生涯絲毫不受影響。

爸爸叫林惠，畢業於臺北工業學校機械科，曾在樹林酒廠擔任機械工程師。由於職業的關係，幾年就調動一次。後來取得菸酒牌，在延平北路經營菸酒生意。媽媽是鹿港人，育有一女二男，她在三十歲就過世了，後來爸爸再娶阿姨為妻，又生了好幾個小孩。後母雖然是媽媽的親妹妹，但是對我們三個小孩並不好。我七歲就被要求做家事，在大灶前含著竹管吹風生火、煮飯，這些事我們從來沒有跟爸爸提起，因此爸爸直到過世前，還認為後母對我們不錯。

大伯父林建寅有錢，三姨太沒有子嗣，麗鏘出生後，爸爸就將他過繼給大伯父和他的三姨太（戶口直接報在大伯父戶下）。三姨太很疼他，但沒多久因故被逐出家門。

麗鏘小學三年級時，因為家庭缺乏溫暖，曾經逃家，一個人從臺北要到嘉義找祖父。到竹南時，他走在鐵軌上，剛巧遇到火車，他趕緊雙手環抱枕木吊在鐵橋下，所幸火車及時停下來，才逃過一劫。車長將他救下來後，問他怎麼會一個人走在鐵軌上，弟弟不敢說逃家，騙說他要到員林找堂姊，但是沒有錢坐火車，所以用走的。於是車長將他帶到竹南火車站，留滯在站長室，電話通知父親。當天晚上父親和麗鏘的老師連夜趕過去，將他帶到旅社休息。第二天早上叫他吃飯，弟弟說要上廁所，父親怕他趁機溜走，不准他去，但是老師很疼他，平常對他印象很好，認為他不會說謊，就說服爸爸讓他去。沒想到弟弟果真藉機溜走。

麗鏘很聰明，逃離旅社後，躲到附近的農家，並沒有直接去火車站。他跟農家的人說，要到員林找姊姊，但是沒有錢，希望借點錢坐火車，到了後再寄還。這家人也很好心，說：「不用還啦。」還盛飯給他吃。弟弟溜走後，爸爸急著花錢請旅館的人幫忙四處找，但是弟弟整天都躲在農家，他們當然找不到。

到了晚上，弟弟搭上末班夜車，半夜到達員林，全身髒兮兮的睡在車站，恰巧被熟識的人看見：「這不是某某人的小孩嗎？」堂姊在員林是有名望的人家，經人通知後，立刻趕到員林火車站，將麗鏘帶回家洗澡換衣服，並且通知祖父。後來大家都怕他再離家出走，所以就將他轉到嘉義念書，後來考上嘉義中學，再轉臺中一中。弟弟人很聰明，很會念書，臺中一中畢業後考上高等學校，由於成績優異，保送帝國大學（今臺灣大學）預科，後來直升大學。二二八事件發生時，他是臺灣大學電氣工程系四年級的學生，畢業照都拍好了，再過幾個月就畢業。

麗鏘不僅頭腦好，身體也很好，很會游泳。他的個性很強，念小學時，曾安慰我說：「阿姊，妳不必煩惱，文的、武的我都會，以後老天爺最好不要讓我們有錢，不然錢一定多得會壓死人。」意思

林麗鏘在臺大電氣工程系畢業前夕的照片。（林麗珊提供）

是說，後母對我們不好，有一天我也會「回報」她。我叫他不要亂說話：「她總是你爸爸的愛人呀！」

我從公學校畢業後，考上第三高女，但是後母說女孩子不要念這麼多書，要我在家幫忙照顧菸酒生意，因此只念到蓬萊公學校高等科，就失學了。我常在想，要是我順利完成學業，說不定今天也是個民意代表。我了解一個愛念書的人，卻無法念書的痛苦，加上麗鏘從小就沒有母親疼惜，只有我和他感情最好，最疼他。因此，雖然我沒有辦法好好念書，但是鼓勵他盡量念，會全力供給他。

戰後初期，他跟我說，想在城內開書店。我先生拿了四萬元給他，賣一些思想方面的書，但是沒多久就被查封關門，當時我先生還擔心會不會有事情。寒假時，麗鏘又跟我說，他想運米到琉球賣，賺些錢，不用一直跟我伸手要錢。於是，我先生拿了二十萬元給他，買了一噸米約三百包，裝滿一船運到琉球，沒多久，不知道為什麼，人跑回來，米卻丟在那邊。

二二八受難

戰後，我已經結婚，住在延平北路六丁目的太平市場旁，離娘家滿近的。大陸那邊過來的賊仔兵、土匪兵，穿草鞋、戴斗笠、揹著鍋子、雨傘，很拉遢、骯髒，不像日本兵那麼勇壯。看到這種情形，大家心裏頭都懷疑這種兵能打仗嗎？起初聽到大家喊：「雨

陳俊謙是林麗鏘的姊夫，他和妻子用盡心力栽培麗鏘。（張炎憲攝）

傘兵、雨傘兵來啦！」一時還搞不清楚什麼叫雨傘兵，原來是指這些賊仔兵揹著雨傘，像乞丐。

麗鏘念大學時，和五個同是臺中一中畢業的學生，住在專供學生住宿、私人開設的「金華公寓」（位在千歲町，日本時代叫高砂莊，在今南門附近）。他的生活費、學雜費等，都是我在支應。「金華公寓」我沒有去過，但是他每個月至少來我家一次，偶爾也會帶朋友來家裏坐坐。

就我所知，二二八事件是查緝私菸引起的。二月二十八日我出門時，在延平北路看到一些迌迌人，將布店、布行的布匹整匹、整匹的扔到街上，還潑上煤油，放火燒，旁邊有一些人則看著燃燒的布匹，以防釀成火災。

我先生三月一日自臺南回臺北，在火車上，臺灣人看到外省人就打。火車開到萬華就停駛，下車後，在車站內也看到臺灣人打外省人。

當時我先生承包臺南市政府的水道工程，三月九日早上要去臺北車站搭車到臺南，走出巷子來到太平市場時，他就覺得奇怪，為什麼平常人聲沸騰，今天卻靜悄悄的？覺得情況不妙，他馬上轉頭回家。

二月中旬，麗鏘考完試放假，說要去旅行，四處走走、散散心，我拿了點錢給他。三月八日，他來我家，我要他多住幾天，不要到處跑，當晚就在我家過夜。隔天起床後就說要走了，我叫他吃過早飯再走，他回答說：「我平常很少吃早餐。」大約九點多他從我家出去。

到了中午，我覺得外面的情形怪怪的，但是當時正值戒嚴中，不能出門，只好在家等候消息。約一星期後，聽說臺北市很多地方都出事情，有人在路上被槍尾刀刺、被槍殺，情況很糟。大約是十五日吧，當時戒嚴解除了，我很擔心，就到父親家、學校，四處打聽，都沒有弟弟的消息。

我打電話到「金華公寓」詢問，接電話的是一個年輕女孩子的聲音，我想可能是裏面的「女中」。她說，初九下午，聽到槍聲，從樓上開窗戶往下看，幾個憲兵衝進公寓，見人就打人，兩個學生被槍尾刀從後面抵著，一個趕一邊，走向不同的方向。她說，在這之前並沒有看到弟弟回去，也看不清楚那兩個學生到底是誰。我猜想弟弟一定是身上帶著錢，回到公寓時剛好碰見憲兵來抓人，當場被抓走。

前兩年，我遇見當年和麗鏘住同一個公寓的陳火桐，他說：「當時剛好出門，就聽到憲兵來敲門。幸好先走一步，才沒有被抓走。」他也說，真可惜，麗鏘這麼出色的人，在二二八時無故失蹤。還拿出臺中一中同學會名單，證明他是麗鏘的同學，還邀我參加同學會的聚會；但是又說，只要看到我出現，他就會想到麗鏘，心裏很難過。

尋找弟弟

戒嚴解除後，我和我先生四處打聽、找尋弟弟的下落。起初我們想他住的地方接近螢橋，就到川端橋（今通往永和的中正橋）下的新店溪尋找。到了那，一片嚇人的景象，河面有許多漂浮的屍體，岸邊也有許多。有的兩三個人被鐵線穿手掌而過，綁在一起；有屍無頭的、眼睛突出的、斷手斷腳

OTANICAL GARDENS 植 物 園
にある、面積五萬三千餘坪臺灣の有用材と熱帶植物を植
所林業部があつて研究して居る、熱帶氣分溢るゝ如き風
地として開放して居るから觀光客の最も喜ぶ處である。

植物園內林木蒼翠，平日遊人如織，誰曉得這地方在二二八時竟是陳屍累累的人間煉獄。究竟在大臺北地區還有多少像植物園這樣的人間煉獄呢？

的、穿衣服，沒穿衣服的都有，都被泡得全身浮腫。我們一邊走一邊認，都沒有看到弟弟，想起來就傷心。

這樣到處找，大約找了一個星期後，有人來告訴我，植物園內也有不少陳屍，我就和先生兩人一起去找。植物園裏有許多屍體，遠遠的就聞到陣陣的屍臭味，在大樹下，有的躺在地上，有的靠著樹幹。看起來，有的人可能是在植物園外面被打死，然後拖進去的。各種的死亡慘狀都有，很殘忍。從那次以後，我再也沒有去過植物園。

之後，有個穿便服、操臺語的人找到我家來，說：「很多人被關在某某司令部，妳弟弟是大學生，很可能也被關在裏面，我先去探消息再說。」隔天，他回來跟我說，他看到弟弟被關在裏面，頭髮、鬍子很長，見了他一直哭。我便籌了一筆錢交給他，要他帶我去看，走了一段路之後，卻說我還不能去看，後來就沒有下文了。這種人趁火打劫，真是可惡。

當時我先生在警務處有一個馬姓朋友，拜託他，他也很盡心的幫忙找，但是也沒有弟弟的下落。爸爸在五月十二日寫了封陳情書給警備總司令部，但是遞出去後也沒消沒息。

大概過了一年後，因為老是有親戚、朋友來找弟弟，詢問他的下落，女朋友更是常常來探消息。麗鏘和這個女孩交往了好幾年，她在臺中彰化銀行工作，對弟弟很好，常常寄配給的餅乾來我家，要我轉交。我就跟爸爸說，還是當弟弟死了吧！比較不會麻煩。要是哪天死而復活，那就更好啊！於是就為弟弟舉行告別式，北部、中部的朋友全都通知，女朋友來參加時，哭得很傷心。我的意思是，讓

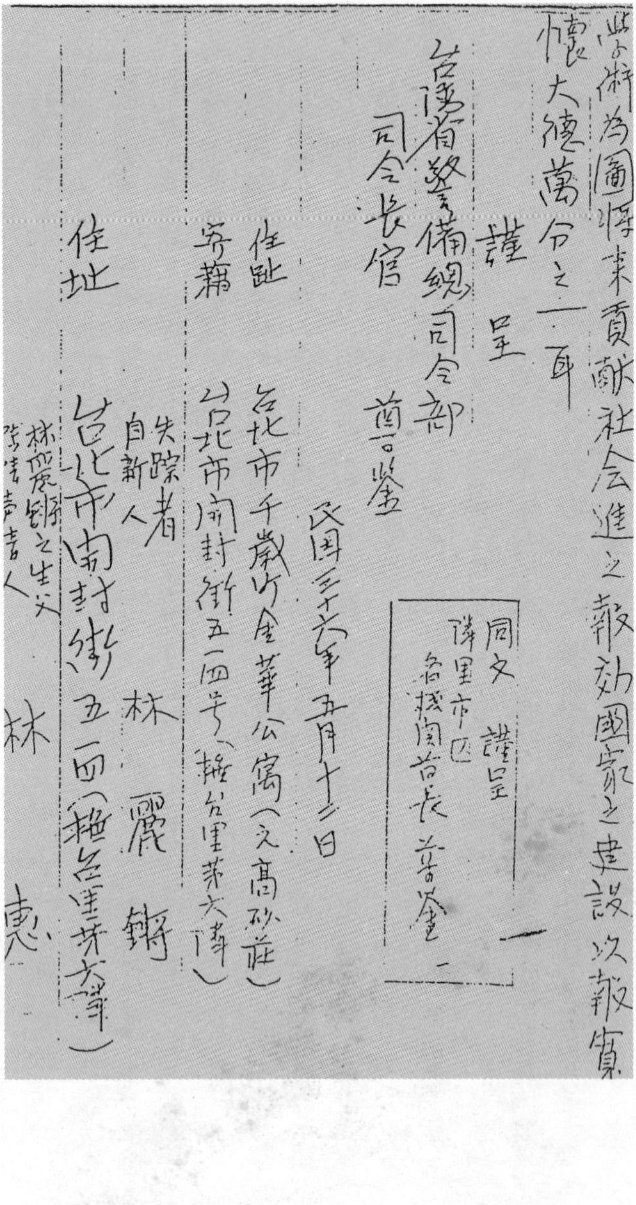

學術為圖將來貢獻社会進之報效國家之建設以報賞
懷大德萬分之一耳
謹呈
台灣省警備總司令部
司令長官　尊鑒

同文　謹呈
隣里市區
各機關首長　尊鑒

民国三十六年五月十二日

住址　台北市千歲町金華公寓（文高砂莊）
寄籍　台北市開封街五一四号（撫台里第六隣）

失蹤者
自新人　林麗鏘
住址　台北市開封街五一四（撫台里第六隣）

林麗鏘之生父
陳情書人　林惠

林麗鏘的父親林惠尋找兒子的陳情書。（林麗珊提供）

她就此死心，也好另擇夫婿，不要耽誤女孩子的青春。

此後我每年在三月初九給弟弟做忌，在北投善光寺有立神主牌。這幾年，阮美姝都陪我一起去。當時，後母的二兒子的一個孩子，出生才三天就發現腫瘤，非得開刀不可，於是他們主動許願，要是兒子能夠平安度過，就將兒子過繼給弟弟，後來開完刀後，順利康復，真的就過繼給弟弟，現在這孩子已經從中原大學畢業了。

印象中，弟弟當年並沒有參加什麼團體，也沒有做什麼事，為什麼會被捕，心裏一直很疑惑。去年我和阮美姝一起到臺大查訪，後來我又去找黃得時教授，試著找出一點線索。黃得時從小就很疼我，他妹妹和我是樹林公學校同學，他父親黃純青是樹林區長。黃得時教授要我去臺大找。後來經阮美姝介紹，認識許雪姬教授，她拿出一份爸爸當年向警備總司令部要人的陳情書，問我：「這份陳情書在前一年二月二十八日時，曾在新公園展覽過，妳怎麼沒有看到呢？」後來影印一份給我。

七、八年前，我兒子在美國從報紙上看到，大陸有個叫林麗彰的人，問我會不會就是他舅舅。我說「你舅舅很會游泳，跳下海逃到那邊去也很有可能。」兒子就說：「妳一直這麼思念舅舅，我是美國籍的沒有關係，帶妳去大陸找他，好嗎？」我說：「去大陸找他？萬一被抓進去，豈不是很倒楣，我不敢，還是不要在老虎嘴上拔毛。」開放出國觀光後，爸爸說要去美國找他。我說，弟弟是聰明人，真是他的話，他應該自己會回來。後來才知道那個大陸籍的林麗彰是一位女子。

二十年前，我先生在蘭嶼承包氣象臺、無線電臺建築工程時，我一度想到蘭嶼去找弟弟，但是員

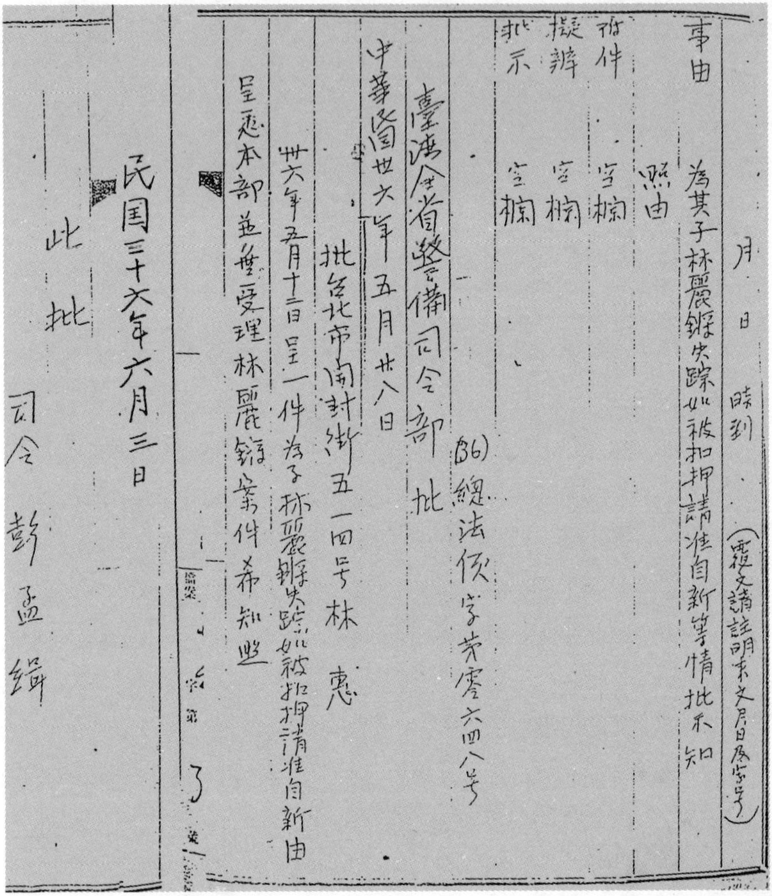

事由　為其子林麗鏘失踪如被扣押請准自新等情批示知
月　日　時到　（需文請註明來文月日及字號）
照由
附件　空欄
擬辦　空欄
批示　空欄

(36)總法佽字第零六四八号

臺灣省警備司令部　批

中華民國卅六年五月廿八日

批台北市開封街五一四号林惠

卅六年五月十三日呈一件為子林麗鏘失踪如被扣押請准自新由

呈悉本部並無受理林麗鏘案件希知照

此批

司令　彭孟緝

民国三十六年六月三日

警備司令部內有關林麗鏘的檔案。（林麗珊提供）

工都說路途遙遠，勸阻我不要去。

自從弟弟失蹤後，我一直期待他的出現，但是一年過了又一年，始終沒什麼消息，慢慢地，我也老了，這幾年才放棄希望。

感想

陳儀是壞人，隨便殺人，國民黨怎麼會派他當臺灣省行政長官呢？所以說二二八事件全是國民黨搞出來的，六百萬的賠償金，對國民黨只是九牛一毛，應該從國民黨的財產支出才對。況且他們的財產都不是從那邊帶過來的，而是臺灣人民的血汗錢，從臺灣人民身上偷拿的。賠償的事，國民黨一年拖過一年，民進黨又不太夠力，沒有辦法強力壓迫國民黨做好這事。這事究竟要拖到什麼時候呢？真的會實施嗎？我很懷疑，看來還有的等啦！

至於紀念碑，我的看法是，花了很多錢，卻沒有什麼作用，我看都不想看。紀念碑也不是說將受難者的屍骨聚在一起，一點意思都沒有。應該設立紀念館才對，裏面有圖書館，讓後代子孫可以在那邊讀書，並且陳列紀念物供世人憑弔，這樣才有意義。

章孝慈這個人，我聽他說話的態度，的確是為維護臺灣人民，而不是維護國民黨。這樣的人現在竟然倒下，變成植物人，連話都不能說，真可憐。

阮美姝：這些年來我無片刻休息地奔忙、陳情、抗爭、參與各種活動，身為「叛亂首要」阮朝日的愛女，我應該做到的，全都做到了。（張炎憲攝）

阮朝日（《臺灣新生報》總經理，死難者）

受訪者：阮美姝（阮朝日長女）　　訪問者：張炎憲、黎澄貴

時　間：一九九四年七月二十三日　　記　錄：黎澄貴

一九九五年八月二十三日　　地　點：臺北市長春路阮宅

一九九六年一月六日　　吳三連臺灣史料基金會

爸爸在二月中為我主持婚禮後，即因氣喘痼疾復發身體不適，自三月初到三月十二日皆請假在家休養。回家時，爸爸跟我說的第一句話是：「施江南不知道會不會有事？」我隨即勸爸爸走避，爸爸卻說自己堂堂正正，何需要逃？沒有想到五分鐘後橫禍便降臨，五個身著中山裝，操福建腔閩南語的人，以報社有事為由，緊迫催促爸爸隨他們前去。由於事出突然，我不覺得有什麼蹊蹺，倒是十歲的妹妹不停哭，爸爸輕輕拍著她的頭說：「美娃，不要哭，爸爸很快就會回來了。」接著爸爸就被帶上黑色汽車。

千萬沒想到，這竟是爸爸最後的留言，而我們只能呆愣在一邊，眼睜睜地看著病弱的他，僅穿著一襲睡衣，被人從病床上硬生生的帶走。

我是阮朝日的長女阮美姝，一九二八年出生，今年六十八歲。爸爸一九〇〇年出生於東港郡林邊庄竹子腳，二二八事件時任臺灣第一大報——《臺灣新生報》的總經理，在莫須有的罪名下，被奸人從病床上強行帶走，從此音信杳然，直到二二八事件發生近五十年的今天，政府仍然沒有一個確切的交代。

爸爸才華洋溢，愛家、愛臺灣，卻無故遭禍，這不但是我們阮家的最痛，也是臺灣的一大損失。

屏東竹子腳阮家

阮家原籍漳州，祖先在一七二九年（清雍正七年）渡臺，落腳在屏東林邊的竹子腳，到了第六代，祖父輩兄弟幾乎全是秀才出身，可以說是書香門第。到了父親「朝」字輩那一代，幾乎個個都曾留學日本，並在各個領域嶄露頭角，姻親也多是各方世家。說來，阮家是當地的望族，田產很多，且經營鹽、布、臺車、玉器等事業。聽爸爸說，早年阮家在高雄有一大片產業，因此有一些祖墳在壽山，後來不知道是什麼原因，在第五代的時候和高雄陳中和家族交換田地，才完全轉移到屏東發展。

爸爸和二伯阮朝聘自幼聰慧，鄉人常以「小孔明」、「小孔子」稱譽。爸爸自臺灣總督府國語學校畢業後，二十歲那年追隨堂兄弟的腳步赴東京留學，先後進入高輪中學及福島高等商業學校（今福島大學前身）就讀。阮家雖然富裕，但是由於祖父排行最小，分得田產較少，因此提供給爸爸在日本所需的費用並不充足。一九二三年九月一日，日本發生慘烈的關東大地震，高輪中學宿舍倒塌，家人

英年早逝的阮朝日，攝於一九三八年。（阮美姝提供，黎澄貴翻攝）

一度以為爸爸已經羅難了，事後才曉得他為了賺取學費及生活費，到「自動車會社」的工廠打工，逃過一劫，這才揭露了爸爸留日期間半工半讀的祕密。在「自動車會社」打工的經歷，也種下他日後經營汽車製造的因緣。

一九二六年三月，爸爸學成返臺，七月擔任阮家合股經營的「長福商事株式會社」的「代表取締役」（董事長）；又與屏東名流林耀明、李開山等人合股創設「屏東信託株式會社」，擔任「代表取締役兼常務取締役」（董事長兼常務董事）。在日治晚期，「屏東信託株式會社」與「大東信託」、「臺灣興業信託」並稱臺灣三大信託。這三家信託會社在一九四四年合併為「臺灣信託株式會社」（二二八事件後併入規模較小的華南銀行）。

爸爸在諸多堂兄弟中，年紀既非最長，學歷也不是最高，竟然在回臺四個月後，以二十七歲的青年，被推選為家族企業中的董事長，顯見爸爸有過人的才華。

一九二七年十二月，阮朝日與林素在日本結婚，次年在屏東市公會堂前補拍結婚照。（阮美姝提供，黎澄貴翻攝）

回臺後正開展事業的爸爸，經姑姑居中牽紅線，結識了媽媽林素。媽媽是鳳山望族林水德特別疼愛的掌上明珠，聰穎靈慧，臺南第二高女師範科第一屆畢業，比前嘉義市長「媽祖婆」許世賢早一屆。一年後，一九二七年十二月，二十八歲的爸爸與二十歲的媽媽在日本日光東照宮締結良緣。

一九三〇年元月，二伯父阮朝聘不幸英年亡故。二伯父畢業於日本錦城商業學校，曾是臺灣文化協會會員，為人極富正義感，爸爸受他影響很多，兩人手足情深。他的逝世爸爸非常哀傷，在日記上這樣記載著：

二月三日　為紀念二兄生前所從事的社會事業，捐贈一百元給屏東圖書館。

三月十一日　植樹紀念二哥。

同年爸爸當選林邊庄協議員，這段期間，他為庄內解決不少疑難雜症，而且數次出面排解紛爭，平息了多起一觸即發的械鬥。一方面拯救了許多鄉親的生命和財產，同時也樹立了爸爸在家鄉的聲望。

一九三二年，我四歲，爸爸面臨一個新的生命轉折，三月，他辭去屏東信託的職務，轉赴臺北擔任《臺灣新民報》的販賣部長兼廣告部長，加入「臺灣人唯一的言論機關」——《臺灣新民報》的經營，從此與報業結下十五年的生死因緣。這或許與父親留日期間結識了林獻堂、吳三連、蔡培火等人，以及曾撰文投稿有關。

《臺灣新民報》的歷史肇始於一九二〇年由東京臺灣留學生組成「新民會」，發行機關刊物《臺灣青年》，以後數度變易，從《臺灣》、《臺灣民報》、《臺灣新民報》到《興南新聞》，一九四四年遭臺灣總督府強迫與其他五家報紙合併改名為《臺灣新報》，一九四五年國民黨派李萬居接收，改組為《臺灣新生報》。《臺灣新民報》當時社址在今天的北門一帶，前美國大使館館址。

從爸爸一九三〇、三一年的日記了解，當時他在屏東的各項事業蒸蒸日上，而他竟然拋棄多年來的努力所奠定的事業基礎，忍心離家遠赴臺北，一切重新開始，何嘗不是緣於對臺灣的大愛呢？

隨著爸爸工作的改變，我們舉家遷居臺北。起初在臺北下奎府町三丁目十六番地（南京西路四十幾號）一棟臺灣厝的三樓租房子，樓下是日新湯（公共浴室）。不久遷到大布商張亦泰的別墅，鄰居有陳逢源、劉明電等人，以及文化界的名人。我從小就和陳逢源家的兩個姊妹一起長大，感情很好。

爸爸為了替我們子女尋找一個良好的生活環境，費了不少心思。我七歲時，搬到中山北路國賓飯店對面的巷子，隔壁是日本人經營的國民幼稚園（中山北路二段五十巷，今國軍英雄之家）。八歲我上建成小學校，為此又搬到中山北路上，當時的美國領事館隔壁。美國領事館的庭園很美，是我們小時候最喜愛的去處。

在我小學高年級的時候，終於在臺北有一間屬於自己的房子。爸爸在三橋町第三分局旁（今中山北路、南京東路口），買下一百五十坪的土地，建造一棟揉合西洋與日本風味的獨門獨院的房子。鄰

阮朝日全家合照，前排右起依序是：長女美姝、次女美娃、長子榮一、次子榮二、三子家榮，攝於一九三六年。（阮美姝提供，黎澄貴翻攝）

居有李仁貴、陳清波等知名人士。

全能的爸爸

爸爸本性善良，樂意幫助窮困的人。家鄉七、八十歲的老人都記得父親，只要我一回去，他們就搶著告訴我爸爸當年的事跡，還要請我吃飯。他們說：爸爸回到家鄉遇見老人在路邊賣糖仔餅，他總是全買下來轉送大家吃。因此這些窮苦人家只要聽說爸爸回林邊，往往就口耳相傳：「救濟星回來囉！」村中的小孩要是知道「日叔、日伯」回來，就到我家門口排隊等候，爸爸會給他們錢或給些糖果，摸摸每個小孩的頭，就連生蝨子的小孩也一樣，絕不嫌惡。當時的火車速度很慢，經過田園看見熟識的窮苦佃農跟他打招呼，他也會把身上所有的錢丟給他們。而手邊的錢往往就這樣花光光，這就是爸爸的個性，「大空」「大空」的，喜歡出錢做大哥。母親往往為了這樣的事和爸爸吵架。其實母親的度量是很大的，家中一年到頭住著來自南部的親朋好友，我家好像旅館般，人來人往，但是媽媽都盡心的招呼。媽媽不高興的是，爸爸常常將田租隨性用盡，而不考慮家計。但是生性樂觀開朗的爸爸總認為船到橋頭自然直，錢用光了再賺就有啊！

當年家鄉林邊、竹林國小畢業的小朋友，現在已經七十多歲，常回憶說：「國小畢業旅行最大願望就是到臺北，讓家鄉的傑出人士阮朝日招待吃飯，第二天《臺灣新民報》還會有照片和新聞見報：『竹林國小畢業生於某年某月某日參觀新民報……等』。」早年竹子腳沒有小學，爸爸不忍心兒童和他小

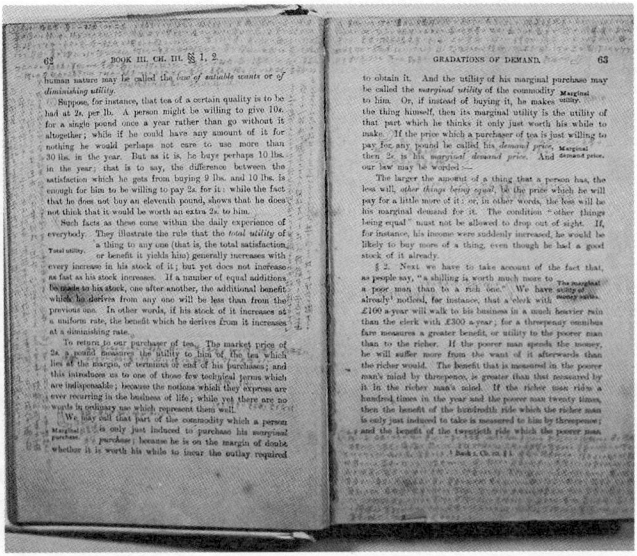

62 BOOK III. CH. III. §§ 1, 2.

human nature may be called the *law of satiable wants* or *of diminishing utility.*

Suppose, for instance, that tea of a certain quality is to be had at 2s. per lb. A person might be willing to give 10s. for a single pound once a year rather than go without it altogether; while if he could have any amount of it for nothing he would perhaps not care to use more than 30 lbs. in the year. But as it is, he buys perhaps 10 lbs. in the year; that is to say, the difference between the satisfaction which he gets from buying 9 lbs. and 10 lbs. is enough for him to be willing to pay 2s. for it: while the fact that he does not buy an eleventh pound, shows that he does not think that it would be worth an extra 2s. to him.

Such facts as these come within the daily experience of everybody. They illustrate the rule that the *total utility* of a thing to any one (that is, the total satisfaction or benefit it yields him) generally increases with every increase in his stock of it; but yet does not increase as fast as his stock increases. If a number of equal additions be made to his stock, one after another, the additional benefit which he derives from any one will be less than from the previous one. In other words, if his stock of it increases at a uniform rate, the benefit which he derives from it increases at a diminishing rate.

Total utility.

To return to our purchaser of tea. The market price of 2s. a pound measures the utility to him of the tea which lies at the margin, or terminus or end of his purchases; and this introduces us to one of those few technical terms which are indispensable; because the notions which they express are ever recurring in the business of life; while yet there are no words in ordinary use which represent them well.

We may call that part of the commodity which a person is only just induced to purchase his *marginal purchase*; because he is on the margin of doubt whether it is worth his while to incur the outlay required

Marginal purchase.

GRADATIONS OF DEMAND. 63

to obtain it. And the utility of his marginal purchase may be called the *marginal utility* of the commodity to him. Or, if instead of buying it, he makes the thing himself, then its marginal utility is the utility of that part which he thinks it only just worth his while to make. If the price which a purchaser of tea is just willing to pay for any pound be called his *demand price*, then 2s. is his *marginal demand price*. And our law may be worded:—

Marginal utility.

Marginal demand price.

The larger the amount of a thing that a person has, the less will, *other things being equal*, be the price which he will pay for a little more of it: or, in other words, the less will be his marginal demand for it. The condition "other things being equal" must not be allowed to drop out of sight. If, for instance, his income were suddenly increased, he would be likely to buy more of a thing, even though he had a good stock of it already.

§ 2. Next we have to take account of the fact that, as people say, "a shilling is worth much more to a poor man than to a rich one." We have already[1] noticed, for instance, that a clerk with £100 a-year will walk to his business in a much heavier rain than the clerk with £300 a-year; for a threepenny omnibus fare measures a greater benefit, or utility to the poorer man than to the richer. If the poorer man spends the money, he will suffer more from the want of it afterwards than the richer would. The benefit that is measured in the poorer man's mind by threepence, is greater than that measured by it in the richer man's mind. If the richer man rides a hundred times in the year and the poorer man twenty times, then the benefit of the hundredth ride which the richer man is only just induced to take is measured to him by threepence; and the benefit of the twentieth ride which the poorer man

The marginal utility of money varies.

[1] Book I. Ch. III. § 1.

阮朝日學生時代所使用的教科書，上面寫滿密密麻麻的註記。（阮美妹提供，黎澄貴攝）

時候一樣，赤腳走四公里的路通學，當阮家第七代分家以後，四個兄弟便捐贈兩甲地在竹子腳設置小學。

在家中，爸爸是個疼惜妻子的丈夫，關愛子女的好父親，不抽菸也不喝酒。日治時代，家家戶戶要定時大掃除，每逢大清掃的日子，爸爸總是拿錢給媽媽帶我們幾個小孩出去玩耍，自己則留在家裏與工人一起打掃。他也常常替媽媽選購帽子、手套、手帕和衣飾。

在家庭教育方面，媽媽是嚴格的日本式，從小訓練我學插花及居家招待的禮數……等；爸爸則比較開明自由，是西洋式「愛的教育」，這使我終身受益，直到我身為人母，仍然沿用爸爸的方式。

小時候，總以自己有個全能的爸爸為傲。他除了在各種事業占一席之地外，在藝術方面的品味和修養亦是享有盛名，舉凡骨董、油畫、集郵、電影、音樂，爸爸無一不是饒富興趣地鑑賞、收藏。影響所

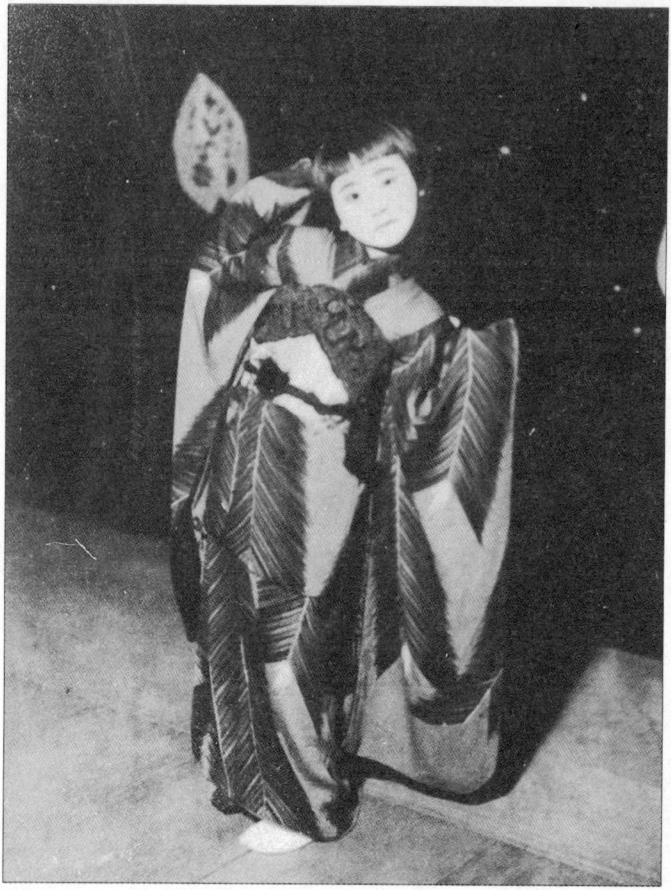

一九三七年四月二十四日，阮美姝在臺北公會堂落成典禮中表演舞蹈。（阮美姝提供）

及，爸爸多方面培養子女們在藝術方面的興趣，而我受益最多。他帶著我去學鋼琴、書法、日本舞，下課後則一起去吃冰淇淋，而我也有很好的表現，一九三七年臺北公會堂（今中山堂）舉行落成典禮，我獲選代表臺北市民上臺表演獨舞、一九三九年書法獲得頭等賞獎。其他音樂、插花，在我往後的生涯中都占據重要的位置。

從小，爸爸就很疼我，在我四、五歲時，就常常帶著我出差，臺南、高雄四處跑。我十歲那年，有一回，他因為招待客人喝咖啡，談到半夜三點才回到家，發現我發高燒三十九點一度，他竟然拖著疲憊的身子還看護我到天亮。

爸爸的事業

一九三七年，爸爸轉任報社印刷部長。

一九三八年因為戰爭的影響，汽油有逐漸短缺的趨勢，所以爸爸在當年先創設了「日の丸式木炭瓦斯發生爐株式會社」，後來整頓改組獨資經營，改名為「朝日木炭瓦斯發生爐株式會社」，在六月舉辦「木炭汽車臺北—高雄間行走會」，極為成功。他為了全心投入木炭汽車引擎的開發製造事業，一度有意辭去報社的工作。爸爸在十月七日的日記中寫著：「我向自己發誓：從今天開始，決心踏入實業界，投入充分的努力，一定要成功。」隔天就與媽媽一起去找羅萬俥「專務」，說明決心辭職才能心無旁騖投入新事業，也免落人話柄。但是羅萬俥沒有接受，卻安排爸爸在隔年四月擔任屏東支局

阮朝日的事業之一——木炭自動車。右一即為阮朝日。（阮美姝提供，黎澄貴翻攝）

長。承蒙羅萬俥的巧思安排，使得爸爸既可以為報社貢獻心力，又可以發展自己的事業。這家公司成立後發展得很順利，當年十一月在陽明山做第一次試車，十二月裝配好三臺車。當時臺北市市尹的座車發生爐，就是由該公司製造的。

一九三九年爸爸被選任為該報監察役（監事），足見他對該報付出相當大的心血，才會受到這樣的肯定。一九四五年，在國民黨接收後，又調升為《臺灣新生報》的總經理。而這個職位，可能就是爸爸後來招致殺身之禍的主因。

一九四五年日本戰敗，爸爸對「祖國」充滿愛與期待。曾經變賣兩甲祖先傳下來的田產，與數位好友集資修復遭盟軍轟炸損毀的臺灣總督府（施江南變賣雙城街、前日本大使館附近百餘坪土地），以歡迎祖國的接收官員。一九八九年東方出版社的顧問翁志文先生告訴我，戰後爸爸曾編著過由東方出版社出版的《北京語辭典》及《日華辭典》兩本工具書。據翁先生說，《日華辭典》是戰後臺灣第一本北京語辭典，銷路很好。後來我研讀爸爸一九三八年的日記時，發現他在當時就已經潛心研究北京語，並製作了《北京語的基礎》一書。

隔年，爸爸聽說有許多臺籍日本兵仍滯留海外，徘徊在死亡邊緣，而長官公署卻漠不關心，於是爸爸結合施江南醫師等人，以民間力量組成「臺灣海外青年復員委員會」，協助這些可憐的臺灣兵返回故鄉。他們被接運回臺時，爸爸曾帶著我到臺大醫院幫忙，只見醫院裏面醫生護士忙成一團，看到一大羣骨瘦如柴、奄奄一息的臺灣子弟。我一直置身幸福無慮的環境中，驟然看見如此悽慘恐怖的光

《日華辭典》在阮朝日細心編校下，於一九四六年七月出版，銷路很好。（阮美姝提供，黎澄貴攝）

景，感到異常震撼。

我的婚姻

一九四五年三月我從第三高女畢業，媽媽本來要送我去日本念藥專，但是戰事日漸緊張，臺日間的海上交通中斷，無法成行，後來經老師的推薦，到六十一海軍航空廠中山北路分廠擔任會計（總廠在岡山），該單位薪水優渥，每月有八十元，而普通工作約二十多元、教師二十七元、銀行三十多元。當時美軍飛機幾乎天天來襲，母親帶著弟妹疏開到三峽市場旁，再轉到附近的炭礦區圳子頭山上避難，三橋町的住宅只留下爸爸和我兩人。空襲雖然是很可怕的事，但是那段日子裏有爸爸陪伴著我，卻留下畢生難忘的親密回憶。

八月十五日日本投降後，我也失業了。起初我也去讀北京語，但是感覺沒興趣，就要求爸爸讓我出去工作。父親帶著我去見當時的臺北縣長連震東，隨後即進入甫成立的臺北縣政府工作。當時臺北縣政府曾失火，據說是縣政府貪汚，自己人放的火。工作一年後，母親要我辭去工作，到饒富名氣的吉見洋裁學院（今金甌商職現址，同學中有一位是邱永漢的妹妹）學習做衣服，並向林景元（二二八事件受難者，時任高雄中學校長）太太學做料理，為結婚早作準備。我不甘心只學做衣服，便去報考警備總司令部交響樂團（今省交響樂團前身，在今天的監察院現址）合唱團。當時該團是為準備辦音樂學校而設立的。合唱團每星期晚上練三次，每個月約有一百五十元車馬費，團長是蔡繼昆，指揮是呂泉生。我白天上學，晚上唱歌，生活很快樂，我也很愛玩，心裏根本沒準備結婚。

當時母親一直希望我能嫁給醫生，這可能是因為堂姊們多嫁給醫生，加上弟弟從小體弱多病，常請家庭醫師郭火炎、施江南來家裏診療，藥錢、車錢花費不貲。那時候從日本回來的醫生很多，加上父親有名的關係，對象可以說是隨妳挑選。媽媽就常常對我嘮叨，說我比堂姊們的學歷低，又長得不漂亮，還挑三撿四的。記得媽媽很中意一個醫院的副院長，三十多歲，有一輛車，逼我嫁給他，但我嫌他年紀太大，跑去向爸爸哭訴，父親很生氣的跟媽媽說：「喜歡的話，妳去嫁好了。」

一九四六年年初，一位自日本留學歸來的林姓青年，託屏東市長夫人（媽媽的同學）作媒。他也是屏東人，正等待新學期開始後進臺大繼續念書，暫時在屏東女中擔任教師，教授數學及生理衛生的課程。人老實、長得英俊，家有恆產又是獨子，條件很好。初見面，彼此都留下很好的印象，但是他媽媽要求我爸媽帶我到屏東讓她看看，爸爸聽了很不高興，再加上其他的波折，就這樣婚事便沈寂了十個月。母親不死心，帶著我去算命，相命師竟然說，在幾個求婚者中我和他最有緣。後來他媽媽拗不過他的堅持，央請屏東地方名流接連來提親，後來爸爸才放心讓我嫁過去。

這樁婚事，原本爸爸就很中意林姓青年，他的哥哥林耀明又是共同經營屏東信託的舊識，爸爸沒有理由反對，只是不高興男方的母親批評、嫌棄他的掌上明珠。

經過多次轉折，我們在十月中訂婚。原本說好兩人畢業後才結婚，結果婆婆急著抱孫子，隔年一月就催著快一點結婚。爸爸很捨不得，媽媽則主張快一點嫁，後來我在二月中旬結婚。現在回想起來，當年若不是婆婆催著結婚，我的婚姻在二二八事件後必然發生重大的變化。原來就不中意我的婆婆，極可能因為爸爸失蹤，而取消婚事；或者，我一定不忍心將弟妹留給媽媽扶養，會要求取消婚約。因此非常可能，我到今天還是單身，而且依照我的個性，很可能因此從事反對運動，被關在籠子裏，或者和陳菊、呂秀蓮等人走相同的路。說起來，要感謝婆婆當年催婚，要不然我今天不會這樣幸福，有幸福美滿的家庭，讓我在經濟上無慮，能放手去做有關二二八的工作。同時我也要感謝我先生及四個子女的大力支持。

三月十二日與爸爸永別

從一九三二年到一九四六年，爸爸已經在報社度過十幾個年頭。四十多年後的一九九一年八月，我才從妹妹那裏得知，在我結婚之後，爸爸身體日衰，已經毅然辭掉《臺灣新生報》總經理的職務，準備到彰化銀行擔任協理（《新生報》任期到二月二十八日止，但當時沒有對外宣布）。爸爸決定辭職有幾個原因，第一、當時報社是賠錢的事業，擔任股東的都是出力又出錢，但被接收、改組後的《臺灣新生報》，長官公署常想上下其手，因而倦勤；第二、心頭始終想重返金融業發揮長才；第三、中部氣候乾燥，較適合氣喘痼疾的療養。但是羅萬俥先生對爸爸相當器重，一直鼓勵他留在報社，多為臺人貢獻一份心力。就在這種期許下，爸爸一直留到二二八事件爆發。

在我婚後一個禮拜，由於仍就讀臺大醫學院的先生就要開學，我倆隨即北上註冊。當時住在新生南路的「大華莊」（今大安分局對面）。記憶中，二月二十八日，我和先生到中山堂看電影，片名好像是《北非諜影》，散場後，順道去報社找爸爸。才見面，爸爸就急著趕我回去，說：「危險，快回去，不要再出來。臺北發生事情了，不要多問。」因此我們直接回到「大華莊」，不敢再出門。

三月十二日清晨七點，黃宗堯（我先生同學，後成為羅萬俥的女婿）來找我，說局勢不對，他和邱炳南（後來改名為邱永漢）要逃了，要我通知爸爸也避一避。我和先生九點多從大華莊出門，因為適值戒嚴，交通不順暢，花了三小時才回到娘家。爸爸在二月中為我主持婚禮後，即因氣喘痼疾復發身體不適，自三月初到三月十二日皆請假在家休養。回家時，爸爸跟我說的第一句話是：「施江南不知道會不會有事？」我隨即勸爸爸走避，爸爸卻說自己堂堂正正，何需要逃？沒有想到五分鐘後橫禍便降臨，五個身著中山裝，操福建腔閩南語的人，以報社有事為由，緊迫催促爸爸隨他們前去。由於事出突然，我不覺得有什麼蹊蹺，倒是十歲的妹妹不停哭，爸爸輕輕拍著她的頭說：「美娃，不要哭，爸爸很快就會回來了。」接著爸爸就被帶上黑色汽車。

千萬沒想到，這竟是爸爸最後的留言，而我們只能呆愣在一邊，眼睜睜地看著病弱的他，僅穿著一襲睡衣，被人從病床上硬生生的帶走。當時媽媽出外向鄰居借罐頭，要給我和先生加菜。沒想到，她回來時爸爸已經被抓走了。

隨後，報社的何先生騎著腳踏車來，氣急敗壞地衝進門來，大聲喊叫「阮先生呢？叫他趕快逃！」但是已經來不及了。原來他們先到報社，帶走日文版總編輯吳金鍊，並詢問爸爸的住處，何先生覺得情況不妙，但電話又不通，於是急忙趕過來，路上在三分局前碰見這輛載著爸爸和總編輯吳金鍊的黑色轎車。過沒多久，林呈祿先生來訪，我一見到他，便哭倒在他懷裏。

當時的情勢，假若爸爸心有疑懼，必定會接受我的勸告，出去避一避；就算來不及，當那五個人登門時，他也可以藏匿在榻榻米下（爸爸的房間是六疊寬榻榻米，下面是爸爸平日收藏古董的儲藏室），來人必然不曉得家中有這樣的暗室；也可以從後院翻過圍牆，經鄰居家逃走。這些都是輕而易舉的方法，但是心無所懼的爸爸並沒有這樣做。

其後，陸續傳來爸爸的好友被捕或失蹤的噩耗，家人膽顫心驚，媽媽嚇得躲在親戚林天賜醫師（前臺大醫院副院長）家中一星期，將弟妹託付給我和傭人。

爸爸你在哪裏？

起初，我們雖然有疑惑、驚恐，但是仍滿懷著希望，總以為爸爸隨時會回來。媽媽帶著我，和其他家屬四處探聽、詢問、陳情，長官公署、警備總司令部、市政府、憲兵隊、警察局，能去的地方都跑遍了。爸爸的好朋友們也為營救爸爸而四處奔走，但是沒有一個單位承認抓走他，到處碰壁，一點下落都沒有。

為了尋找爸爸，我曾一次又一次去找社長李萬居，但答案總是「找了，但沒有消息」，久而久之，從他臉色中覺察自己不受歡迎，因此只好放棄這條管道。

閩臺監察史楊亮功在臺調查二二八期間，我們這些家屬也前去陳情，但是根本見不到人，遞上陳情書後，也是一點回音都沒有。楊亮功當時如果真是有心查訪民瘼，理當面見我們這些家屬，但是他卻緊閉傾聽民意的大門，這種調查方式豈是一個監察史應有的態度呢？他的調查報告又怎麼可能客觀公正呢？

我們也數次向陳儀陳情。還記得曾經收到一封用毛筆字書寫的回函，內容很長，大意是說臺灣需要阮朝日這樣的領導人，政府不會抓他，而且要是有消息的話，政府會立刻派兵營救。我們歷經挫折後接到這樣的信，已經不敢有所期待，後來這封信被媽媽連同爸爸的遺物燒成灰燼。類似的信，林茂生的家屬也收到，後來他們在搬家時遺失。一九九四年十一月，我透過管道取得某公家機關尚未公開的內部公文，內容與當年收到的回函雷同，我推測是該回函的草稿。這可證實我當年的記憶並沒有錯誤。但是令人髮指的是，早在一九四七年三月十三日，陳儀呈報蔣介石之「辦理人犯姓名調查表」中，卻給爸爸按罪名：「一、陰謀叛亂首要。二、利用報紙從事於奸偽活動。三、利用報紙發表挑撥離間軍民情感。」試問，陳儀當年的回函居心何在？信函中信誓旦旦：「沒有抓人」，但是骨子裏卻是欲除之而後快。當年國民黨政權的黑暗、恐怖豈是正直的臺灣人所能想像的。

在二二八事件中，《臺灣新生報》的成員除了爸爸、吳金鍊被逮捕外，已知的至少還有林界、邱金山、蘇憲章、和吳天賞等人受難，其他不知名的本、外省籍年輕記者亦有數名，然而報社內沒人敢出面追查事情的真相。一個星期後，一位陸軍中將接任《臺灣新生報》總經理，一位少將則接任總編輯，整個報社淪入官方的掌控。至此，在臺灣政治發展史上曾經扮演重要角色的《臺灣新生報》，全然喪失他既有之引領時代風潮的特色，成為官方的御用言論機關。

在爸爸失蹤後的一年多裏，媽媽終日以淚洗面，全家人陷入一場彷彿永無止境的惡夢中。四處求人、陳情都沒有爸爸的下落，我和媽媽拖著驚恐、疲憊的身子到臺北橋、植物園……等陳屍較多的地方搜尋，也沒有下落。在一次又一次的失望下，媽媽開始走訪大小神廟，抽籤卜卦、算命，一度相命師帶給我們一線希望，但是經過長期虔誠的跪拜、祈求神明，徒然弄得身心俱疲，黑暗中並沒有出現黎明的曙光。有的只是一些無恥之徒，三番兩次前來詭騙錢財，所幸母親仍能理性的堅持要他們出示爸爸的筆跡，並且仔細核對，才沒有在哀戚悲鳴中復遭詐財。

爸爸究竟為何被捕呢？這幾年來我費盡心力四處搜尋，也沒有結論。二二八事件期間，父親因病在家休養，足不出戶，與二二八事件並無任何牽連；平日也沒有參加任何政治組織；也從沒有與他人發生不愉快；當時又已辭去《臺灣新生報》總經理之職。難道是因為新生報報導二二八事件的關係嗎？令人費解。爸爸的老同事曾提起，爸爸在《臺灣新生報》任內曾跟他提起：「社長李萬居家裏買棉仔紙（衛生紙）卻跟社裏請款？這可以嗎？」為人正直的爸爸面對這種情形一定是有苦難言，左右為難，不知道要如何是好？批可，自己痛苦，不批，……。另外，報社的職員曾告訴我，憲兵要抓李萬居時，他說：「臺灣人、外省人都要打我，但事情都是阮朝日、吳金錬他們在做的，為什麼不去抓他們？」

家變

父親失蹤後，家庭收入驟告中斷。起初以我結婚的時候父親所給我六千元支應，但是坐吃山空，沒多久就捉襟見肘，於是我和媽媽只好硬著頭皮，到報社要求支領三月份的薪水，誰知道報社的人反倒拿出借條，要我們償還。原來當時物價飛漲，一般人生活艱困，於是爸爸在失蹤前借支了半年薪水，將這筆錢濟助報社裏的三輪車夫、送報生和工友等。

後來我想到報社整理爸爸的東西，像是畫、古董，以及鎖在報社總經理辦公室裏一些重要證件，如印鑑、權狀等。找他們拿，卻都推說已經丟掉啦。於是父親一手在臺北創設的事業，統統都消失了，只剩下南京東路的住家。據爸爸日記上的記載，在臺北有三間木炭車製造工廠，幾個月後去找，工廠的地上建物、設備及汽車皆離奇消失無蹤。住家對面借給司機住的宿舍、成都路二十七巷內的店舖（現在改建成大飯店）、衡陽路上的合資電影公司、自用汽車……等全都不翼而飛。

有一天找到一張記載向爸爸借貸者的名單，但是「討錢度日」的生活也不好過。這些借貸者往往聲稱手頭緊迫，我們要債非常困難，就連自己的親戚，爸爸提供他相當多的創業資金，並且幫他爭取到新聞紙臺灣總代理，向他索錢時也是像乞丐般地一千、兩千地去討回來。一直到現在，二弟仍然慨嘆地說，他永遠不會忘記那時候的屈辱。

一年多後，在臺北生活的困難，實在難以維持，於是媽媽以二十萬的代價變賣了三橋町的房子，連爸爸買給我、我最心愛的鋼琴也轉手，一部分的錢買下隔壁的小房子讓我住在那等爸爸回來，媽媽和弟弟則搬回屏東住。

爸爸在事業成功前，曾主動放棄老家的一些房地產，但是當母親搬回屏東時，要求叔叔提供一塊地建穀倉，叔嬸卻不同意。不得已只好將米穀寄放他處。

當時爸爸名下還有祖先留下來的幾甲田產，但是經土地改革後只剩下三甲。國民黨的土改對我們這些所謂的「地主」迫害得很厲害，娘家和夫家都飽受驚嚇。我先生的哥哥在日本時代曾擔任屏東市助役，土改期間夫家成為政府大量徵稅的目標，公然以海報恫嚇我們，如果拒稅欠稅，一律槍殺。當時年僅七歲的侄子，因年紀小不懂事將查封米庫的封條戳開，政府竟然不容分說地將大伯銬住，步行遊街押送到火車站，移送高雄警備司令部。其後花下大把金錢疏通管道，才平安釋回。這樣的屈辱，令大伯刻骨銘心，視為畢生最大的恥辱，從此遠離政壇。類似的情形在臺灣各地所見都有。

一九四九年大陸撤退時，我和先生返屏東定居，之間歷經四萬元換一元的通貨膨脹、土地改革，為了生活，先生只好放棄繼續研究醫學的念頭，提早在省立屏東醫院懸壺，晚上在家開業，為繳交稅金而焦頭爛額，土地也想辦法處理掉，以脫離身為地主的夢魘。

在屏東，有一天媽媽將我們趕出門外，一個人坐在大灶前，將爸爸全部的遺物一一擲入熊熊烈火中焚燒。還好我和二弟及時搶救下一九三〇、一九三一年兩本日記和一本相簿。媽媽這麼做，表示她下定決心不再尋找爸爸，不再哭泣，也絕口不再提起爸爸；而我們幾個小孩也從不在媽媽面前提起爸

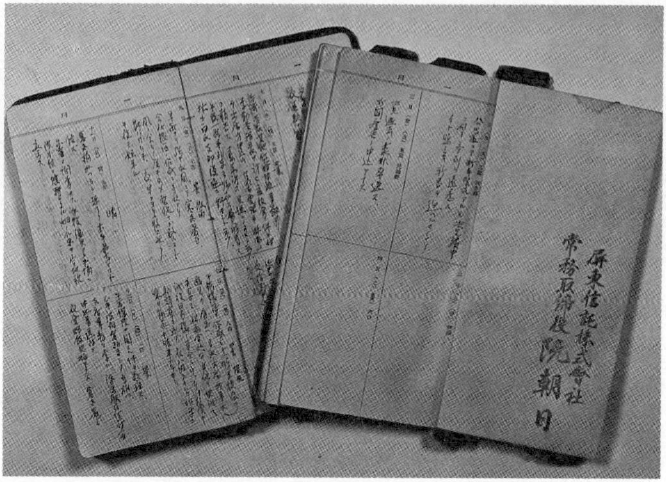

這兩本阮朝日的日記（一九三〇及一九三一年），讓子女得以進一步了解他生前的行誼。（阮美姝提供，黎澄貴攝）

爸，或任何有關二二八事件的事情。就這樣媽媽悽涼落寞地度過三十九年的寡居，一九八四年她突然中風倒下，對我喃喃地說：「我真想再見妳爸爸一面，真想再見到他啊！」她在纏綿病榻十個月後，與日夜思念的爸爸在天國相會。

後來二弟在整理媽媽的遺物時，又發現一本爸爸寫於一九三八年的日記。

母親認為爸爸就是因為讀書太多，在臺灣社會的文化階層占有一席之地才會被打死，因此，她認為高學歷是禍不是福，不願意兒子多念書。常跟三個弟弟說：「學問到這邊就好了，快出去賺錢，沒有父親一切要靠自己。」當時二弟讀建中，畢業後媽媽不讓她升高中，要他去念基隆水產。當年我帶著弟弟去基隆，在海邊，姊弟倆抱著痛哭，弟弟不想去念，只覺得前途一片黑暗。大弟、三弟也是高中畢業就出來工作。媽媽更堅決不讓孩子為政府工作，所幸爸爸的朋友很幫忙，並沒有因為爸爸失蹤而對我們不聞不問，如羅萬俥、林呈祿、陳逢源、吳天賞、謝國城等先生，只要媽媽開口，他們絕對出面解決難題。大弟畢業被分派到稅捐處工作，後來在羅萬俥的幫助下進入銀行服務。二弟先被派到縣政府水產科，繼之轉任東方出版社，後來經吳天賞協助進入銀行。三弟也是得到陳逢源先生的引介服務於銀行界。

當年我家雖然不像其他家屬三餐不濟、要沿街叫賣糖仔餅那樣悽慘，但這種精神上的打擊對十五、六歲的小孩仍是終身的影響。母親沒有勇氣鼓勵兒子深造，我想這是她一生最大的失敗，造成今天兒子們深深感嘆，同輩的友人不是法官、律師就是教授，個個事業有成，自己相形見絀，形成揮之不去的自卑感，及至今日，變成不願意和老朋友、老同學們見面。

和其他二二八家屬比起來，我算是很幸福。他們的父親遭難時，有的十幾歲，有的兩、三歲、有的還在肚子裏，像李文卿、吳金鍊家族，小孩子無法接受完整的教育。

平反二二八

自一九七〇年起，我下定決心要將爸爸遭難的事實留給孩子、後代知道，於是開始收集二二八的相關資料，同時也多方接觸、採訪受難者的遺族，並將訪談資料陸續整理成文字，於一九九二年出版了《孤寂煎熬四十五年》及《幽暗角落的泣聲》等兩本書，一九九四年增訂再版，這期間承蒙多位女士、先生的大力協助，非常感謝，同時也收到許多家屬、熱心人士提供資料及許多的指正與鼓勵，真的非常謝謝。

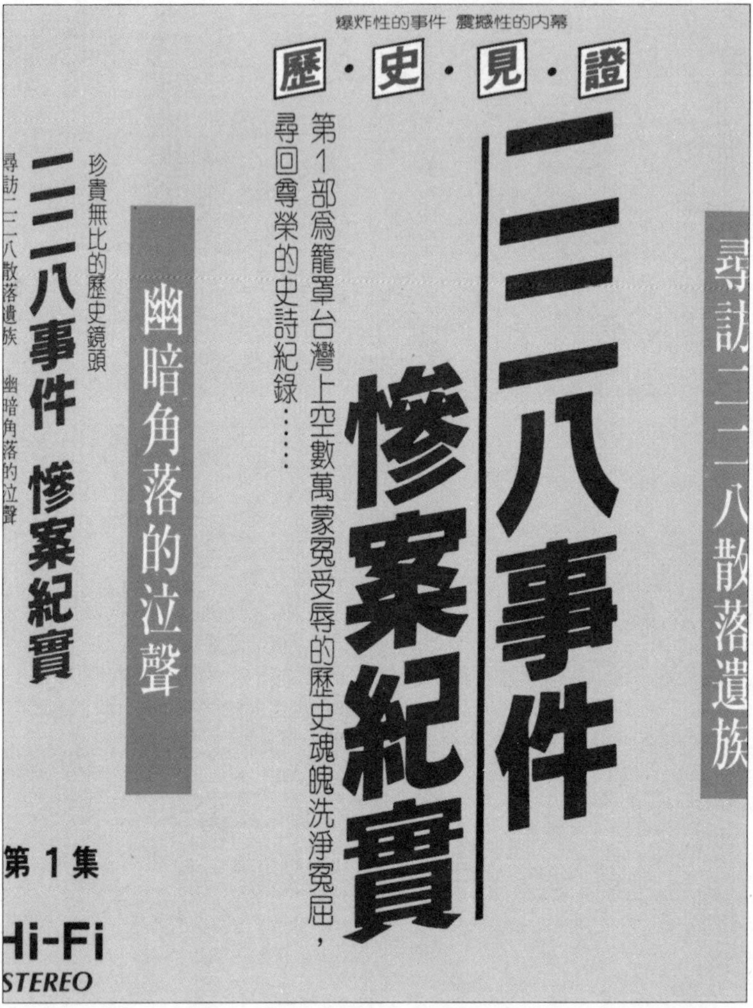
爆炸性的事件 震撼性的內幕
歷·史·見·證
尋訪二二八散落遺族
二二八事件
慘案紀實
第1部為籠罩台灣上空數萬蒙冤受辱的歷史魂魄洗淨冤屈，
尋回尊榮的史詩紀錄……
幽暗角落的泣聲
珍貴無比的歷史鏡頭
二二八事件 慘案紀實
尋訪二二八散落遺族 幽暗角落的泣聲
第1集
Hi-Fi
STEREO

阮美姝等二二八遺族發心攝製《二二八事件慘案紀實》。

一九九四年由五位遺族共同出資，製作了《二二八慘案紀實》錄影帶，由我擔任採訪、編輯、錄音等編製工作。這段時間，我常常徹夜未眠的工作，並且要補足相當多的工作經費。這套影片是一部試圖尋回臺灣人尊榮的史詩紀錄，主要是想為蒙冤受辱的歷史魂魄洗淨冤屈，讓二二八的悲情廣為世人所知，因此，我們免費贈送政界、學界、教育界的相關人士以及各黨籍的立法委員，希望他們能夠更深刻的了解二二八的真相，支持二二八平反運動；然而由於財力的限制，以及為走更長遠的路打算，我們無法全面贈送各界人士，因此透過我主持的電臺及我的演講會場以出售的方式來推廣，籲請一般大眾購買贊助。無奈地，竟因此遭致誤會，被懷疑、指責我們藉機牟利，坦然的說，我們怎麼可能藉機牟利？

雖然我們很用心的製作《二二八慘案紀實》這套錄影帶，但是不可諱言，限於種種主客觀因素，仍有許多的缺失。例如，無法將所有遺族的辛酸史全面納入，但是這終究是一個起步。基於恢復二二八歷史真面貌的動機，我們深深地希望能獲得企業界、政界、有關單位等有心人士的大力贊助，將這套錄影帶推廣至所有學校，讓新生代的學子了解什麼是二二八。

同年，我將多年來苦心收集的有關資料，在家中成立了二二八資料室，希望有關單位在這個基礎上，進一步拓展成為二二八紀念館，以供後代子孫了解近代臺灣一段悲慘的史實，做為警惕與激勵，更希望臺灣能脫離世代以來的悲情，邁向光明璀璨的未來。

除此之外，這些年來我無片刻休息地奔忙、陳情、抗爭，參與各種活動，身為「叛亂首要」阮朝日的愛女，我應該做的，全都做到了。這些年來的努力與成果，算是為臺灣歷史盡了一點力，自私一點來說，是為了父親啦，我想足以告慰父親在天之靈。在爸爸失蹤後近五十年的歲月中，我曾六次與爸爸在夢中相會，最近的一次是在幾個月前，我夢見他被放回來了，大家都很高興，而我還是個小孩。

多年來我為了追查二二八的真相、平反二二八而持續不斷的努力，竭盡所能的投入心力，就算是在一九八八年家人罹患重病期間，我依然驅策著病弱的身體堅強的挺過來，然而遺憾的是，我的本意與努力卻遭受與我最親近的弟弟的誤解與反對。

大弟遭受的刺激太大，一生陷入怨恨的深淵中，他內心累積的怨恨使他不知道要如何做才好。他常常大罵國民黨，但是很不願意談關於二二八的事。他和吳金鍊兒子同事二十年，卻從來沒有跟我提起，害我尋找吳家家屬四十多年。

最近十多位二二八遺族（政府所公布的二二八「陰謀叛亂首要」遺族）取得共識，除非政府洗清家人的罪名，徹底平反，家屬絕不主動登記賠償，我和二弟、妹妹也認同此舉。但是大弟卻認為，有錢為什麼不領，完全無法體認我們要求還爸爸清白的渴望，還大罵我拒領賠償金等於在替國民黨省錢，拍國民黨的馬屁。

二弟在二二八時是建中初二的學生，在爸爸失蹤後好長一段時間裏，他看著母親整天悲傷哭泣，所以至今仍籠罩在二二八的陰影、驚惶中。過去他常常責罵我，說他還有兩個孩子要照顧、保護，問我為什麼要把事情搞弄得這麼大？也常說：「社會上沒有人會同情二二八的家屬啦，阿姊妳不要這麼憨直。」我說：「阿姊做這些事得到很多的回饋。」他竟然說：「那都是在利用妳啦，妳又幫助了誰呢？」我說：「我運用版稅為臺灣的無名二二八受難者安魂，至少撫慰了些二二八遺族受傷的心靈，鼓勵他們勇敢的站出來；也保存了一些珍貴資料，可以提供後代子孫了解臺灣人在二二八中所遭受的苦難。」經過幾次的對話、解釋後，或許是他了解我的苦心了，也或許他疼惜我這個姊姊吧，後來他就只提醒我要注意自己的身體，也曾說：「妳今年幾歲了，快要七十歲的人了，還不顧健康的在賣命，妳要做到死嗎？」變得比較體諒我，也常常來看我。

三弟去年一月二日因心臟病過世。他身前很怕別人知道他是二二八的遺族，曾多次打電話責問我，為什麼要把家裏的悲劇公開發表？幸好妹妹一直默默的支持我，在精神和實質上都提供莫大的協助，給我帶來極大的鼓舞。

我有一個好朋友，她的哥哥在高雄念中學時，在二二八中被打死。平常她也會談論二二八，但是她不站出來、不登記、也不要賠償。她曾質問我：「我就是要將這悲慘的事忘懷，妳卻一直從事二二八平反的工作，這會引起我的痛苦，讓我流淚，割我的肉，妳應該不要做二二八的工作了。」也有些好朋友雖然很關心二二八的平反運動，但是常勸我不要一天到晚哭泣，要我回復昔日插花、彈琴的平靜生活。

我想弟弟們的這些反應，和當年遭受太大的刺激有關。我常想，自己的弟弟及親友都這樣，難怪有一些二二八的受難家屬也是這樣的態度。另一個原因是，弟弟們要照顧家庭，無力協助我，所以乾脆反對我做這些事；此外，我在調查二二八真相的過程中，雖然常常感動得淚流滿面，但是也得到許多社會大眾及學者們的支持與安慰，鼓勵我持續下去，然而弟弟們卻是自我設限的拘泥在幽暗的一角，生活在陰影中，不敢踏出勇敢的第一步，接受臺灣社會對二二八家屬的關愛，因此，始終心情是晦暗的，行動是畏縮的。我想許多處境相同的二二八家屬應該要站出來，要擺脫陰影才好。

我前一陣子出國一趟，主要是想離開臺灣一段時間，暫時擺脫有關二二八的一切，好好的休息一陣子，一方面進修，要不然我的身體、精神都負荷不了，也將無法為歷史留下見證的工作，走更遠的路。在國外的這段時間，我冷靜的思考今後的走向，下定決心走出二二八的陰影，遠離悲情、怨恨，不再哭泣，矢志為臺灣的未來而努力，同時也要讓青年人體認到今日臺灣的進步與繁榮，是前一輩人犧牲性命所換來的，要珍惜，要努力。

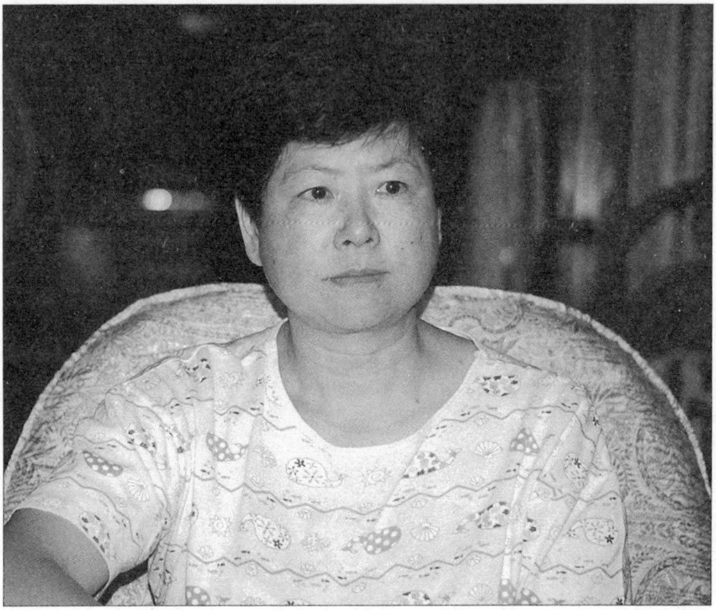

陳翠娥：我一直沒有搬離太原路，希望公公能夠找回到老家。（張炎憲攝）

吳金鍊（《臺灣新生報》日文版總編輯，死難者）

受訪者：陳翠娥（吳金鍊媳）　　訪問者：張炎憲、黎澄貴、胡慧玲
時　間：一九九四年九月二十九日　　記　錄：胡慧玲
地　點：臺北市太原路吳宅

吳家姊弟個個勤儉，雖然經過二二八的家庭變故，四十幾年來，也把一小片家園努力整頓起來，到現在，算是發展起來了。我們的下一代也都規規矩矩的，我的三個小孩都很乖，很上進。

我先生從小辛苦過來，很了解那種匱乏的痛苦和滋味。常說，施比受有福，真的，施很快樂。我們沒有很多的慾求。從那麼辛苦的家庭走出來，如今自立自足，又可以幫助別人，我覺得很歡喜。

與阮朝日先後被捉

我是陳翠娥，是二二八事件中被捕的《臺灣新生報》日文版總編輯吳金鍊的長媳婦。

這幾年，二二八平反運動的動態，我們都很清楚，也很關心，但始終沒有公開站出來。在報導中得悉阮美姝姊姊殷殷找尋我們的下落，尋人文章寫得很感人，我們第一次以家屬的身分出面，去她家拜訪。阮朝日是《臺灣新生報》總經理，是昔日同志，和我公公關係頗密。我們登門拜訪，一方面是感謝致意，另一方面也是想了解當年情況。

二二八事件發生時，我先生才九歲，大部分的事情都不懂。他說，印象中只記得父親人很好，家裏生活不錯，有電話、有工友、有人力車，以現在的標準來說，稱不上享受，算是生活優裕。

三月十二日，我公公照樣上班，黑頭轎車到報社把他強行押走。那時候，阮朝日先生正生病，臥床在家，沒來上班。報社工友看到我公公被捉走，趕緊騎上自行車，要去阮先生家報告。轎車比自行車速度快，工友趕到阮宅時，已經慢了一步，他眼睜睜看見那輛轎車把阮先生載走了。所以我們猜測，應該是同一個單位來捉人的。

我婆婆是舊式的傳統家庭主婦，平常大門不出，在家養育五個小孩，外面世界的變化，她根本不知道。再加上公公莫名其妙被捉走時，她正大著肚子，即將生產，即使要找人或找人幫忙，都不知從何找起。

阮朝日先生的女兒那時年紀較長，大大小小事情比較知道。我們就不一樣了，根本不知道父親在外面做些什麼。最深刻的感受是，父親被捉以後，報社就來索回宿舍，我們的生活立刻陷入困境。生活在一夕之間，彷彿差了天和地。婆婆光是為了五個小孩的一天三餐飯，就夠愁眉苦臉了。

在當時，二二八事件太嚴重了，親戚沒人伸手幫忙，大家都躲得遠遠的，不敢近身，怕被牽連。以前親戚常常上門，找工作或其他種種，都要我公公幫忙，結果他一出事，沒有人敢來問好。甚至等我們長大以後，大約一、二十年前，我先生想要了解當年情形，去問吳家長輩或報社同事，他們也推得乾乾淨淨，說，「別來問我，我不知道，我不知道。」周圍氣氛就是如此，這也是為什麼在二二八平反運動中我們始終不敢出面的原因。

我們從來不接受訪問，因為真的不知道當年情況。我們告訴阮女士說：「訪問妳，就等於訪問我們，我家有些事情，妳還比我們清楚。」

苦學出身，投入報業

我們所知道的，就是一些零零星星的事情，和隱隱約約的印象。吳家是臺北太原路一帶的人，我公公的父親是船長，死於臺灣海峽海難，不見屍骨，我們掃墓是掃一個空墓。我公公自小死了父親，寡母操持家務，姊姊是裁縫，哥哥是設計商標的，家境並不富裕。公公很愛讀書，臺北師範學校畢業後，他告訴他母親說：「您讓我去日本留學，媳婦隨您主意。」他母親幫他娶了太原路老家對面的鄰

《新生報》社址，也是吳金鍊被捕之處。（創意力文化事業有限公司提供）

居女孩，就是我婆婆。

公公和同學林天祐一起赴日深造，林天祐學醫，我公公則就讀日本東京青山學院文學部。他的留學生活很清苦，曾說過，如果想看一場電影，就不能吃飯，要一連好幾頓吃番薯當飯。畢業後，公公返臺，在報社工作，擔任過《臺灣新民報》臺南支局長、蘭陽支局長等職，《興南日報》的政治部次長兼論說委員，戰後則擔任《新生報》日文版總編輯。一九四六年十月二十五日，日文版廢除以後，改任報社副總編輯。二二八事件發生，二月二十七日晚上九點，民眾曾到新生報社要求恢復日文版，社長李萬居同意，日文版乃因而復刊，報導大稻埕緝菸事件。

我很少聽過我先生他們提及以前和父親相處的回憶，他們只記得父親好像很忙，忙著寫文章和四處奔波。公公很顧家，領錢時，薪水袋原封不動交給婆婆。薪水剛好夠用，五個小孩，一個比一個小，錢一入手，就有急用。吳家富裕是談不上，但是社會聲望高。

公公在外面的交友情況，婆婆一概不知。以前男人在外面應酬，不會帶太太出門的。公公被捉後，婆婆也不知如何去找人幫忙。只是記得公公常常提起的人名，像是羅萬俥、阮朝日、陳逢源、施江南等人。以前的人認為，女人家把家裏事料理好，就好了。

受上一代的影響，我深覺人世無常，我不要這樣再有類似悲慘的遭遇。我對我先生說，他在外面的朋友和事情，我一定要清清楚楚。他如果有事不能參加，我還可以代替他參加。我不要像我婆婆那樣，發生意外時，根本找不到人，無從問起。我和我先生平常都在一起，一起爬山，也一起參加公益

吳金鍊自日返臺後，始終服務於報業。（陳翠娥提供）

活動。

只留一屋子的書籍

婆婆今年八十歲了，一直和我們住，如今患了老年癡呆症，事事記不得了。我們對過往所知些微，也是以前聽她講的。只知當年她處境艱辛，丈夫失蹤，小孩嗷嗷待哺，自己即將臨盆，行動不便，報社又來索討宿舍。天天要，甚至等不及，竟然在風雨中，把他們全家趕出去。母親只好帶五個小孩回外婆家。以前的人，生活也難捱，紅磚老厝一個屋簷下，住了好幾戶親戚，外婆家只不過提供一個小地方，草蓆鋪一鋪，讓他們一家六口擠擠睡地上。

婆婆說，公公在的時候，日子雖然好過，畢竟是薪水階級。公公失蹤後，婆婆說，「他沒有留錢給我，也沒有留債務給我，剩的就是一屋子的書。」沒有自己的房子，搬來搬去，公公一屋子書，後來就以微薄的錢賣掉了。

婆婆並不曾像其他家屬那樣去淡水河、基隆碼頭尋人或尋屍。因為公公被捕後幾天，婆婆就生產了，遺腹子是個女兒。親戚勸母親說，這個時候，是拚命做的時候，妳沒有辦法再養大這個孩子，送給人吧。

現實逼人，婆婆想想也是，就依言把那小女兒送人了。自己養大三女二男，當時長女十歲，依序是九歲、七歲、五歲和三歲的幼兒。

婆婆只有公學校畢業，不像現在有許多就業機會，為了生活，能賺錢的事，婆婆都做了。她賣過豆漿，幫人煮飯，什麼都做。忙得木屐穿反了，都無所謂。大姊國小畢業時，才十一歲。婆婆拿著父親的舊名片，去找羅萬俥先生，說，我的小孩國小畢業了，請您介紹工作。羅先生人很有情，介紹姊姊去華南銀行當服務生，後來吳家五個小孩的工作，都是羅先生介紹的。大姊在華南銀行，我先生在彰化銀行，二妹在區合會，三妹在臺灣人壽保險公司，都是從最基層的僱員做起。小弟因為年紀最小，長大時，哥哥姊姊都已能夠養家，就沒再找羅先生幫忙。

吳金鍊全家福。（陳翠娥提供）

我曾聽大姊說，第一次領薪水，很想買雙新鞋，她在銀行上班，始終都是穿一雙破了大洞的鞋子。婆婆要她先別買，存一下，等到中秋節獎金生了利息，再去買。我的小孩聽到這個故事，還不相信，問說：「真的這樣嗎？」我說，你們太好命了。

婆婆堅持，生活再困難，男孩一定要念書。我先生高商畢業，姊姊妹妹國小畢業，就必須賺錢養家。生活真的很難，婆婆曾說，太原路這裏五月十三日迎熱鬧，做祭拜拜，她都只能把她娘家的菜飯先借來拜拜，拜完再還外婆。

後來我們聽說許多家屬四處奔波找人，婆婆幾乎沒有去找過我公公，真的，她那時已經沒有時間去煩惱公公被捉的事情，光是煩惱五個小孩的吃喝問題，都來不及了。她說，孩子越長越大，粥越煮越大鍋，她整天只煩惱米不夠。一有餘錢，趕快買米回家，囤著也好，就怕小孩沒粥吃。有米最重要，沒菜還可以淋醬油。她常說，吃飯最要緊。

我對婆婆很好、很孝順，我認為她實在很偉大，如此辛苦的養大五個小孩，真是很偉大。她已經沒有能力供養子女接受高等教育，對她而言，只有餘力把孩子養飽養大。

直到現在，我看到小孩在街頭賣冰棒，心都會酸。我先生小時候大清早就要出去賣豆漿，平常賣冰棒。我先生常說，「賣冰棒，我賣過頭了。」揹著一個箱子，箱子裏鋪了幾層布，略略有些隔熱效果。揹著冰棒，沿街叫賣。二姊去批油條賣，賣油條的看她年紀小，可憐她，多拿些油條，要給她吃。我婆婆看了，捨不得她吃，還把那送的油條拿來賣。

以前我常聽婆婆講這些往事，心想真是不簡單，好不容易把五個小孩帶大。後來小孩也都很勤奮向上，自力更生，生活還過得去。

不曾放棄等候父親

婆婆很勤儉，省吃儉用把老家買下來，我們結婚多年後，新房子也是買在太原路老家附近。因為心裏始終沒有放棄等待父親返家的念頭，我們希望他還活著，回來時，到老家問一問，還找得到我們。有一陣子聽說二二八的人可能關在綠島，我們心想，反正四十幾年來，我們都沒搬家，公公應該找得回來吧！

我自己是打鐵街人，打鐵街是現在的承德路庫倫街附近。我今年五十五歲，結婚有三十二年了。我和我先生是彰銀同事，婚前我也知道他家發生的事。我的父母沒有意見，因為他很老實。我的想法很單純，我們不要介入政治就好了。我也希望子女不要介入政治，政治不是我們能夠介入的。銀行裏只有少數幾個講話比較投機的同事，了解我先生的出身，大多數彰銀同事，尤其是上級，都不知道他的事情。別人的心態我們不清楚，不講最好。

我先生在彰化銀行從僱員做起，靠實力慢慢爬，他很認真自重，在工作上，他沒有受到庇蔭，也沒有受到迫害。二二八事件發生後，他年紀小，沒有能力反抗什麼，只好默默承受，默默耕耘自己的家，完全沒想到報復或者什麼的。

阮女士說她找我們許久，一直沒找到，其實二十幾年前我先生就去她的音樂教室學過電子琴，但彼此都不認識。我先生喜歡音樂，以前沒錢，沒機會學，四十幾歲才開始學。有些人，錯肩而過，並不知道彼此是二二八受難家屬。有些則是長期共事，因為絕口不提，更是不知道對方的身世。比方說林茂生博士的兒子林宗人，是我們彰銀的同事，多年來我們互相不明白同是受難家屬，一直到幾年前林宗義教授出面之後，我們才猜出林宗人的家世。

許多往事，婆婆都放在心上，平常不太講。她曾提及夢見公公回家來睡覺，但是很少講起。反而是我曾夢見公公終於回來了，我們正高高興興在殺豬公拜拜，慶祝他歸來。因為多年來婆婆都是自由身，一旦丈夫回來，反而生出許多麻煩。夢醒時，我也為了此夢而覺得好笑。

理性來說，我們都明白公公事實上已經死了，所以年年替他做生日祭。然而心中隱隱約約有期待，期待總有一天父親可能會回來。

走過辛酸，自立自足

以前一提到外省人，婆婆就很生氣，她不准吳家下一代嫁娶外省人。結果是沒有人嫁娶外省人。婆婆並不知道蔣介石，她的恨，只推論到陳儀，她認為陳儀是壞人。

至於我們這一代，恨，多多少少有吧，說沒有，是不可能的。但畢竟當時年紀小，體驗和感受不多，不像阮美姝她們已經成年，樣樣都知道。我們吳家算是很閉塞，很少和其他受難家屬往來。公公沒有留下什麼照片或資料或文稿，婆婆常說，「沒留什麼，只留一些書。」其他遺物，我想因為長期生活困苦，東搬西遷，遺失掉了。

至於害怕的心理，比起以前，現在比較不怕了，但是我們還是不參加二二八的聚會。我告訴阮美姝，很抱歉不能參加，我自己還經營一家水電材料行，一方面沒時間，一方面也不習慣，當年的事情，我們了解得很少很少，但若她需要我們做什麼，或許還可以盡一點力量幫忙。

關於二二八紀念碑，我沒意見，因為我們沒出過什麼力量。婆婆最介意的是賠償金，因為艱苦了那麼多年。婆婆已經八十歲了，她一看到報紙寫著二二八，就拿起剪刀，一直剪報，問說，什麼時候可以領錢？

我最關心的是事實真相，政府應該公布真相，讓大家明白事情的來龍去脈。至於道歉，要叫誰道歉呢？叫李登輝道歉，好像沒什麼道理。又不是他做的。應該道歉的，是國民黨。源頭是什麼，真相是什麼，了解之後，再來討論應該叫誰道歉。否則叫個沒有關係的臺灣人道歉，也很奇怪。

我是很虔誠的佛教徒，曾和我先生去農禪寺拜聖嚴法師為師，皈依三寶。有了宗教信仰，很舒服，很愉快，事事看得很開。我覺得沒什麼事情好計較。我的宗教信仰和我先生的遭遇無關，而是我一心想追求的。婆婆是信仰道教那種民間多神教，我們夫婦則是正式皈依的佛教徒，我先生還是慈濟的榮譽董事。我認為財產不必太多，留一間房子給小孩就夠了，他們要用錢，以後自己賺。我家不算有錢，也很節儉，但是做慈善事業，我很捨得花錢。我先生薪水的十分之一，固定捐給心路、慈濟、農禪寺等，其他不定期的救災捐款另計。每次看到哪裏有救災捐款活動，他就說，「快，趕快去劃撥。」

他自己從小辛苦過來，很了解那種匱乏的痛苦和滋味。施比受有福，真的，施很快樂。

吳家姊弟個個勤儉，經過二二八的家庭變故，四十幾年來，也把一小片家園努力整頓起來，到現在，算是發展起來了。我們的下一代也都規規矩矩的，我的三個小孩都很乖，很上進。

我們沒有很多的慾求。從那麼辛苦的家庭走出來，如今自立自足，又可以幫助別人，我覺得很歡喜。

蔣梨雲：我們今天爭的不是同情，而是事實，希望能夠將有關先父的史實留給後代，為了先父的名譽，也為了臺灣社會。（張炎憲攝）

蔣渭川（臺灣省政治建設協會總務組長、臺北市商會理事長、三民書局店主，受難者）

受訪者：蔣梨雲（蔣渭川長女）
　　　　蔣節雲（蔣渭川六女）
訪問者：張炎憲、胡慧玲、黎澄貴
記　錄：黎澄貴
時　間：一九九四年七月四日
　　　　一九九五年九月三十日
地　點：吳三連臺灣史料基金會

爸爸在手記的《二二八事變始末記》中記載：「事變中自己是盡了力的，做的有分寸而無過失。自信問心無愧，也無容任何人誣陷的餘地。」我們絕對相信這是清廉正直的父親的肺腑之言。身為蔣渭川的後人，我們今天爭的不是同情，而是事實，希望能夠將有關先父的史實留給後代，為了先父的名譽，也為了臺灣社會。

我是蔣梨雲，一九二三年出生。爸爸蔣渭川一八九六年十二月出生於宜蘭，適值臺灣被割讓給日本的次年，因祖父蔣老番不願報日本的戶口，至五歲時始被迫申報戶籍一歲。二二八事件發生時，爸爸應邀協助收拾亂局，結果卻慘遭家破人亡的噩運。雖然爸爸在千鈞一髮之際驚險逃過一命，但是四妹巧雲慘遭陳儀手下的警察槍擊致死、小弟松平受嚴重槍傷、媽媽被槍托打傷，書局後來被查封，商品、財物也在查封期間遭盜。

生平事略

祖先自福建漳州遷移來臺，以相命為業，與祖母李綢一度試圖養畜務農，但沒能成功。因此爸爸和二伯父蔣渭水自小就過著貧苦的生活，兄弟倆小時候曾在街上叫賣蓮霧、李仔糖等，感情很好。爸爸小時候曾至私塾學漢文四年，因家庭環境的關係，十七歲時才從宜蘭公學校畢業。畢業後在宜蘭郵便局擔任夜間電話接線生，將所得薪水協助二伯父就讀臺北醫學校。二伯父畢業後分派到宜蘭醫院工作，爸爸才到臺北經營學用品店。後來與同是宜蘭人的大媽林阿桂結婚，生下大哥松堅。不久大媽因病過世，隔年經父母媒妁之言，娶小三歲的母親林麵（三峽人），育有二男六女。我們幾個兄弟姊妹在二二八事件時的年紀分別是：松堅（長男，三十歲），松柏（次男，二十七歲）、梨雲（長女，已婚，二十五歲）、碧雲（次女，二十三歲）、玉雲（三女，已婚，二十歲）、巧雲（四女，十七歲）、滿雲（五女，十三歲）、節雲（六女，十歲）、松平（三男，六歲）。

左起依序：三女玉雲、長女梨雲、五女滿雲、母親林麵、六女節雲、二女碧雲、四女巧雲。（蔣梨雲提供）

一九一六年，二伯父在臺北大稻埕開設大安醫院（延平北路二段），但是並未全心投入醫院院務，卻熱中政治社會運動。他參與臺灣議會請願運動、文化協會……等組織，一九二七年創設臺灣民眾黨。爸爸也參加文化協會、臺灣民眾黨的活動，並擔任財務工作。實際上，爸爸是二伯父蔣渭水幕後的重要支持者。當時爸爸擔任臺灣製襪株式會社社長，一度襪子的生意不錯，聽媽媽說，爸爸對文化協會及民眾黨的財務幫助不少。一九三一年八月五日二伯父逝世於臺北醫院。由於他一生投入政治社會運動，身後沒能為妻兒留下遺產，孩子又還在就學中，因此大安醫院及文化書局先後結束營業，二伯母一家的生活就由爸爸幫忙照顧。在《證言二·二八》一書中，左翼人士吳克泰指稱：二伯父過世後，爸爸就將侄子趕出門。這根本就是憑空捏造，純屬子虛烏有。爸爸與二伯父從小感情就很好，照顧他們都來不及，怎麼可能做這種事。這件事我們已經向我堂哥蔣松輝求證過。

文化書局結束營業三年後，爸爸成立日光堂書店，擔任社長；後來又創設臺灣商報；一九三九年當選日本時代第二屆民選市議員，是臺灣人中第二高票（總體第七高票）。戰後他成立三民書局（延平北路二段七十六號），擔任臺北市商會第一任理事長兼省商聯會常務理事，「臺灣省政治建設協會」（其前身為「臺灣民眾協會」，一九四六年，省黨部主委李翼中認為「民眾」二字不妥，透過關係要求改名）總務組長，積極投入戰後復原的行列，同時也加入國民黨。

我家可以說是嚴父慈母型的家庭。爸爸生性沈默寡言，在家裏很嚴肅，雖然很少要求我們要怎麼做，但是他不怒而威，子女都很敬畏他——吃飯的時候絕對不能說話、大人講話小孩子不能插嘴，可

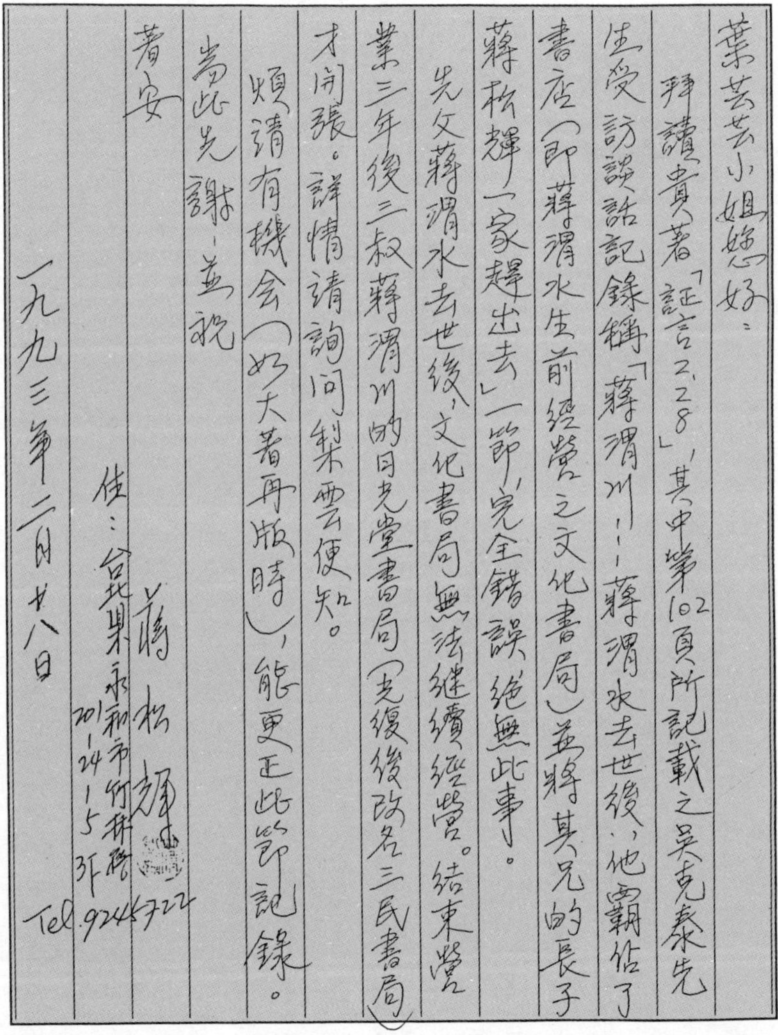

葉芸芸小姐您好：
拜讀貴著「証言2.28」，其中第102頁所記載之吳克泰先生受訪談話記錄稱「蔣渭川……蔣渭水去世後，他霸佔了書店（即蔣渭水生前經營之文化書局）並將其兄的長子蔣松輝一家趕出去」一節，完全錯誤，絕無此事。
先父蔣渭水去世後，文化書局無法繼續經營。結束營業三年後，三叔蔣渭川的日光堂書局（光復後改名三民書局）才開張。詳情請詢問梨雲便知。
煩請有機会（如大著再版時），能更正此節記錄。
耑此先謝，並祝
著安
蔣松輝
住：台北縣永和市竹林路201/24/5 3F
Tel. 9245722
一九九三年二月廿八日

蔣渭水的長子蔣松輝函請葉芸芸更正《證言二·二八》一書中的錯誤。（蔣梨雲提供）

以說是身教重於言教的教育方式。爸爸生活簡樸，對自己很隨便，不重穿、不重吃，但是，宜蘭鄉親來臺北玩時，他往往準備了大包小包的禮物讓他們帶回去。他的個性很固執，決定的事不容易改變；最大的興趣是剪報，家裏幾乎訂閱了所有的報紙，也常買雜誌，也喜歡種花及偶爾看電影。

受託出面調解二二八事件

一九四六年七月，日本發生涉谷事件，在臺灣引發連鎖效應，上千名的學生示威抗議駐日美國憲兵對臺灣人做不公平的處理，企圖包圍臺北美國領事館。美方要求陳儀予以保護時，建議請民間人士出面調解。當時擔任保護領事館的憲兵第四團團長張慕陶就請出「臺灣省政治建設協會」。爸爸偕同上百位同仁協助引導遊行隊伍，使遊行隊伍平安又有秩序的到達臺北美國領事館，由廖進平等陪同學生代表進入領事館傳達抗議之意，和平解決此事。

或許就是因為涉谷事件的前例，臺北二二八事件爆發後，迅速蔓延，全省陷入難以收拾的情況時，政、軍、黨三方面——陳儀的代表憲兵第四團團長張慕陶、警備司令部參謀長柯遠芬、省黨部主委李翼中等人，於二月二十八日、三月一日先後來信邀請爸爸出面調解，多位社會人士也希望爸爸能夠出面協助收拾亂局。爸爸考慮到已有處理委員會在調解，因此遲至三月一日才決定出來處理。這以後，爸爸曾面見陳儀三次，廣播五次。當時局面很亂，各方又要爸爸出面，因此他一出門，媽媽就很不放心地燒香祈禱，希望神明保祐爸爸平安無事回家。

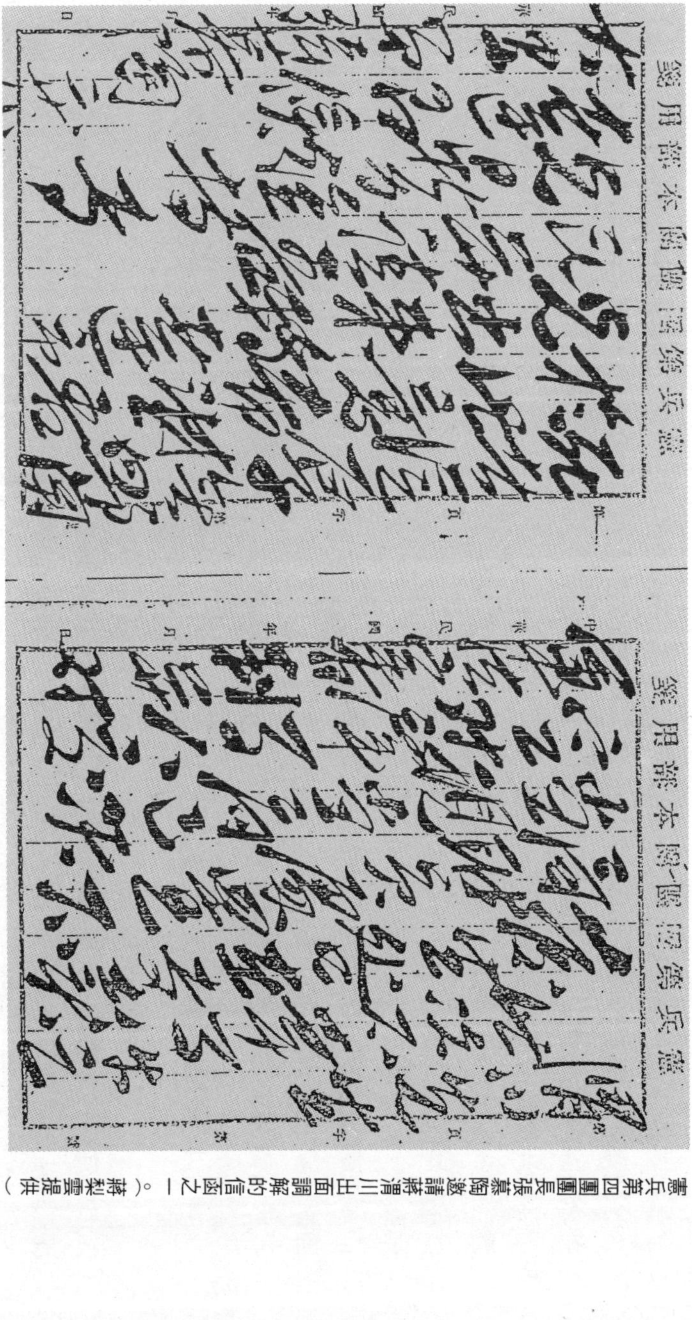

憲兵第四團團長張慕陶邀請蔣渭川出面調解的信函之一。（蔣梨雲提供）

這之間的詳細過程，我們做子女的在當時並不太清楚，但是從爸爸以日記的形態記錄的《二二八事變始末記》（已於一九九二年三月出版）中，我們了解到其間的曲折，以及爸爸當時一方面希望能快速平息亂局，一方面希望促使政府做大幅政治改革的苦心。

蔣渭川在二二八時應邀出面調解，往後卻被人誣陷、誤會，家屬亟待臺灣人民還他清白。（蔣梨雲提供）

「我們奉命要來槍斃你」

當時我家住的是租來的長條形房子，前面是爸爸開設的三民書局，正面有四根柱子，是一般店面的三倍寬，二樓是王井泉開設的「山水亭」。後面是住家，有客廳、會議室和一個很寬敞的飯廳。從小，家裏就有很多來來往往的客人，大家聚集一起，天南地北無所不談，在日本時代，陳逸松、陳逢源曾在我家整夜下棋、一起喝酒，「臺灣省政治建設協會」的張晴川、白成枝、呂伯雄、市商會的陳子從，以及郭雨新、黃添樑……等人都是常客；記憶中，戰後來家裏的客人比戰前多。有一段時間，會議室還有一個老師在晚上教授北京話。剛「光復」時，爸爸很高興，曾大量印製國歌、國旗及國父遺像贈送各界。

三月十日，家裏一如平日有很多客人。早上十點多，女店員從外頭衝進來說，有好幾個警察在敲門，爸爸便跑出去查看。白成枝去過大陸，警覺到情況不對，也沒有跟爸爸打招呼，自己就先跑了。這時，闖進來五個穿黑衣服的武裝警察，四個帶長槍，一個帶短槍，不容分說地抓住爸爸的手說：「我們奉命要來槍斃你」，隨即兇狠地將爸爸拖到亭仔腳，媽媽驚慌的尾隨在後。店裏有很多櫃子，客人見狀紛紛找地方躲藏。持短槍的警察將槍指向爸爸額頭，媽媽衝向前去拉住他的手，但是馬上被旁邊的警察用長槍架住，只聽到爸爸額頭上的短槍接連卡、卡地響兩次，所幸扣板機兩次都未擊發，那個人將槍搖了幾次，試圖修復，這時勇敢的媽媽趁隙將爸爸拉開，爸爸馬上往店裏跑，拿步槍的即以槍托重擊媽媽。持短槍的尾隨爸爸向屋內追過去，隨即聽到四聲槍響，接著，那持手槍的人跑出來，夥同其他人離開。

四妹巧雲代父而死

同一時間，在屋子後面，媽媽聽到警察來了，平時就很信佛的她，隨即叫巧雲帶著節雲和滿雲到後面燒香拜佛，叫店員麗珠帶著弟弟躲到浴室，但是麗珠害怕，竟然扔下松平自己跑開，松平哭著跑到走道上。巧雲聽見松平的哭聲，就叫妹妹們先走，自己回頭去抱他。這時爸爸正巧掙脫，向屋後頭跑，後面追來的警察連開四槍，爸爸僥倖逃過追殺，但不幸的是，其中一發卻擊中抱著松平的巧雲。巧雲頭部中槍，血如泉湧，子彈穿過喉嚨打進抱在胸前的弟弟松平的胸膛，子彈卡在胸骨間，兩人當場摔倒在地上。

在房子後面燒香拜佛後的滿雲和節雲，被父親的朋友簡荷生先生拉著往後院走，簡先生推倒與鄰居相隔的杉木椿，叫妹妹們趕快爬過去。就在這時候爸爸也跑來了，簡先生就喊：「讓妳爸爸先過去」，節雲立刻趴下身，爸爸就從節雲頭上先躍過去。出了後院，簡荷生先生帶著妹妹們躲在迪化街的東西藥房。

在廚房旁邊，巧雲中彈倒在血泊中，小弟站在一旁大哭，媽媽急著將整瓶紅藥水倒在傷口上，但是沒有辦法止血。後來三妹婿聞訊跑過來，立即拆下門板充當擔架，急忙將巧雲送到九號水門附近的洪外科急救。隔天早上，二妹碧雲接妹妹們到醫院和媽媽會合，探視巧雲。

當時我已經結婚，不住在家裏。夫家在古亭庄同安街，沒有電話，因此媽媽她們沒有辦法立刻通知我，而夫家的人也隱瞞不告訴我，怕我心急衝回娘家，恐怕會發生危險，兩、三天後一位在電力公司上班的侄子到我家，提起這件事（侄子當時並不知道我還不曉得娘家出事了），我這才知道，連忙跑回家探視。

巧雲被送到洪外科後，已經昏迷不醒，經急救醫治後，兩天後逐漸恢復意識，能說少許話，但是

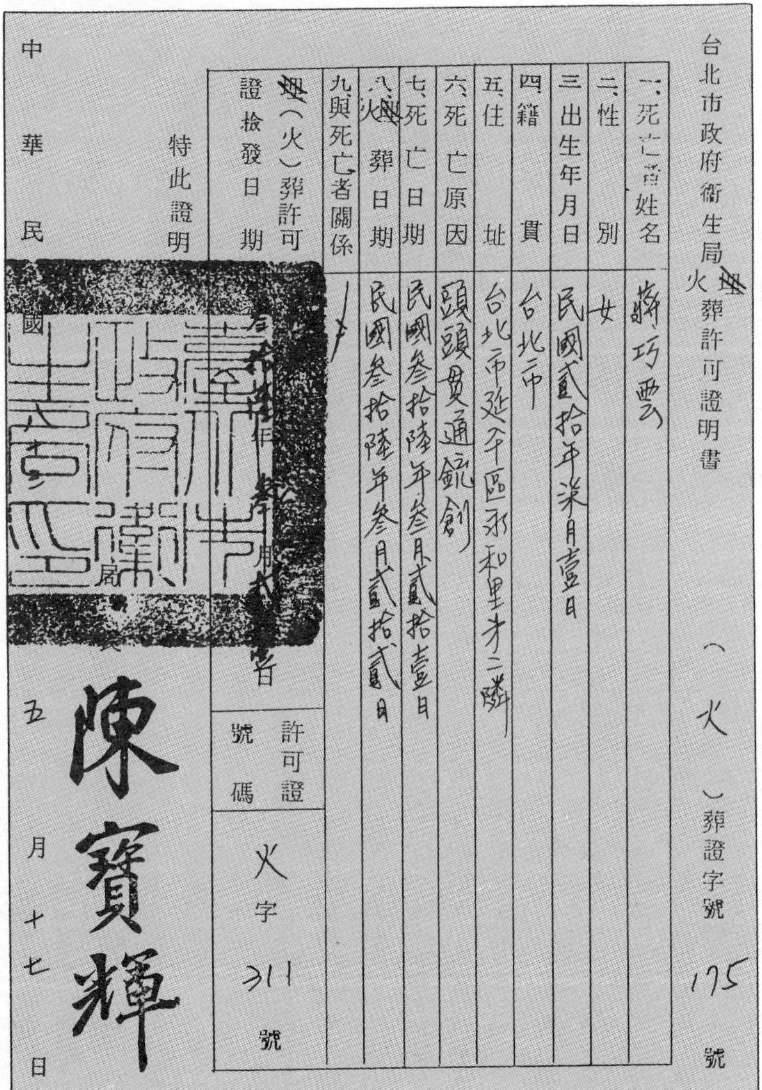

台北市政府衛生局火葬許可證明書

（火）葬證字號 175 號

一、死亡者姓名	蔣巧雲
二、性別	女
三、出生年月日	民國貳拾年柒月壹日
四、籍貫	台北市
五、住址	台北市延平區永和里才二鄰
六、死亡原因	頭頭貫通銃創
七、死亡日期	民國叁拾陸年叁月貳拾壹日
八、火葬日期	民國叁拾陸年叁月貳拾貳日
九、與死亡者關係	
十、（火）葬許可證檢發日期	

許可證號碼　火字311號

特此證明

中華民國　　年五月十七日

巧雲代父而死，火葬許可證書上載明死亡原因：「頭頭（按：頭頸）貫通銃創」。（蔣梨雲提供）

蔣節雲：「爸爸不是很受人尊敬嗎？怎麼會有人要殺他呢？」（張炎憲攝）

肩部以下完全沒有知覺，不能動彈，能吃但不能排泄，每天都要灌腸導尿，經過十一天的痛苦折磨後，在三月二十一日不治身亡，臨終前約四個小時，四妹對照顧她的二妹說：「等一下要是我睡了，就是我要死了，請妳告訴媽媽不要太傷心。」

巧雲遺體接回家後，就安置在書局前的亭仔腳，次日即舉行簡單的告別式。親戚朋友都不敢來，反而是附近鄰居及不認識的人來得很多，但大多祭拜完，放下奠儀就離開，不敢多做停留。告別式結束後，遺體送到南京東路火葬場火化，將骨灰帶回家裏。

當時有很多陌生人跑來家裏，跟媽媽說，只要拿錢出來「運動」，就可以救爸爸，甚至有人自稱是藍衣社的人，其實目的不外是想要騙錢，趁機訛詐。幸好媽媽沒有上當。

戰後，二哥松柏從日本回來後，進臺大醫學院繼續未完成的學業。二二八爸爸在逃亡時，因有人要捉他，媽媽託人叫他不可回家，以免發生危險，於是他也四處躲藏，親戚、朋友、同學家，肯收留他就住，不然就換地方。不敢去上學，也不敢回家。這之間，他曾偽裝成醫院的工友，提著水壺到病房探望巧雲。直到年底丘念臺返臺來我家找爸爸後，才結束驚弓之鳥的逃亡生涯。

當時節雲年紀還小，心裏頭一直覺得莫名其妙：「爸爸不是很受人尊敬嗎？怎麼會有人要殺他呢？」其實不只是她，我們幾個小孩也不明白是什麼道理。

查封三民書局

辦完四妹喪事後，為了生活，三民書局恢復營業。聽碧雲說，有一天，警備總司令部要寄賣書，被滿懷怨恨的大哥拒絕，幾天後的四月四日他們就來查封。當天早上才通知，卻限我們十點鐘前搬出。來了許多憲兵，碧雲和滿雲看到一個憲兵把名貴的自來水筆放進自己口袋裏，滿雲看了不服，碧雲叫她不要說，由他們去好了。由於時間緊迫，一堆東西搬得七零八落，只能搬走一小部分文具書籍和一些隨身衣物，大部分的財物和巧雲的骨灰都來不及搬出就被封了。媽媽和妹妹們就彷彿被掃地出門般，拉著拖車在街上邊走邊哭，剛好我先生及時趕到，將媽媽和弟妹接到我家住。書局在遭查封期間還數度遭盜。

逃亡一年

爸爸從三民書局後門逃出後，在港町遇到交情頗深的陳作霖先生，經爸爸說明處境後，他毫不猶豫的帶爸爸到他家（迪化街東西藥房）躲藏。也就是說，三月十日那天，爸爸和妹妹都躲在東西藥房。爸爸在樓上，妹妹在樓下，但是父女彼此卻都不曉得。十多天後，唯恐行跡外洩，遂於三月二十六日晚上移至陳先生令弟家（也在迪化街）。四月底，大哥得知爸爸行蹤後，隨即設法接爸爸到他家（即延平北路老家，日光堂書店舊址二樓），白天藏匿在牆壁夾層內，晚上才出來活動、吃飯，持續至六月底。

在巧雲還未出殯前，媽媽和我們幾個女孩都不知道爸爸下落，後來三民書局被查封後，媽媽及妹妹們搬到我家住，才有爸爸的消息。這中間，大哥松堅曾經帶松平偷偷地去見爸爸，還特別教他千萬不能說出去。還好松平從小就聰明懂事，並沒有露出口風。

這段期間，有人聯絡大哥，要安排爸爸偷渡出去。但是在那個驚恐的時日裏，我們無法信任別人，都不贊成爸爸出去，爸爸也不願意偷渡。大家都認為，就算發生什麼事，死活終究是在臺灣，大家守在一起比較安心。後來才知道，這件事是美國領事館主動安排的。

之後，到九月底，住在陳珠環女士家。

陳珠環女士，是二哥松柏在日本熊本醫大的同學的日本太太王春子介紹的，是她的洋裁老師。接

前排正中央穿深色西裝者是蔣渭川，一九三九年當選日治時代第二屆市議員留影。（蔣梨雲提供，黎澄貴翻攝）

洽時，她根本不認識爸爸，但是卻一口就答應。或許因為她是基督教徒，有宗教家的慈悲心腸的關係吧。陳女士當時未婚，人長得高又美麗，膽子也不小，住在臺北工專附近，舊地名十二甲，家後面是大水溝。住處內好像有牧師同住。這個地方，對爸爸以及家人而言，是一個全然陌生的環境，也因此是個最安全的地方。後來我們姊妹都叫陳珠環女士「姊姊」。

十月以後到隔年三月自首投案之間，爸爸就在陳女士家和我家兩個地方輪流住，通常安排爸爸坐在人力車裏，我先生和妹婿呂長安則騎著腳踏車一前一後護送。我原本住在古亭區同安街，五月遷至師大後面的埔城街，是一間日式房子，有一個院子。起初爸爸到我家時，我們都先將年紀還小的弟妹帶開，不讓他們知道爸爸來了，時間久了，恐懼心降低後，才讓他們會見留著長長鬍子的爸爸。

爸爸在我家時，要是遇到外人來，他就躲到日本式的木製澡缸裏。十二月時，我在家裏生大女兒，爸爸在隔壁房間睡得呼呼大叫，產婆覺得奇怪，問：「家裏還有其他人呀？」我連忙騙她說是從內山來的佃農，來幫忙整理院子的。

那段日子真緊張，大家都躲在家裏不敢隨便出門。對外連繫、探聽消息的事，都是男人在外頭跑。在家常聽到大哥和二哥向爸爸報告接洽的情形。兩個妹妹有一年都沒去上學。一方面是擔心出門上學會發生意外，一方面是路途遙遠的關係（兩個妹妹原本念蓬萊國小）。還好後來復學時滿順利的，老師們很照顧，節雲直接上四下課程，學校並沒有要她們重新來過。當時警察也來過好幾次，但感覺上只是例行公事，查戶口而已，至於他們是不是另有任務，我們就不知道了。

二二八發生後的一年間，親友都不敢往來，媽媽天天流淚，四處求神明保佑。媽媽在救爸爸時被槍托撞傷肋骨，加上既傷心巧雲的慘死，又擔心爸爸和松柏的安危與下落，她終日以淚洗面，傷心得昏死過好幾次，幾乎就要崩潰了，還好平常身體還不錯，要不然早就死了。但是媽媽從此身體變得虛弱多病，青光眼、白內障等眼疾隨之而來，後來又罹患上胃病、高血壓。

爸爸在這段時間的行蹤，在往後的日子裏，各方多有揣測，有的說藏匿在李翼中家受保護，或說躲在觀音山農家等，這全都是錯誤的。也有說藏在北投，聽大哥說，那可能是因為爸爸曾叫大哥將信件帶到北投去投遞的關係。

出任政府官職

爸爸在事件後便被法院通緝，到了一九四八年初，比較平靜後，丘念臺回臺灣時，曾來家裏找爸爸，帶他去見陳誠將軍。魏道明抵臺接任省主席後，出面收拾殘局。經丘念臺、李翼中等人從中斡旋，爸爸遂在三月出面投案自首，於四月二十日以不起訴處分，重獲自由。

為了生活，爸爸與陳朝乾（後來曾任土地銀行總經理）等人合股經營「臺光」，一九四九年底被當時的省主席吳國楨任命為臺灣省政府委員兼民政廳長，任內重要工作是首期兵役行政。

聽嫂子、二妹講，消息傳來時，爸爸自認只有小學畢業，才疏學淺，內心非常惶恐，不敢答應。但是吳國楨天天派人來邀請，還親自到家裏來，一定要爸爸接受。有一次，事前完全沒有通知，一輛黑頭車開到家裏來，說吳國楨要請爸爸過去面談。當時恰巧爸爸不在，媽媽叫人找了一陣子，爸爸才回到家。

爸爸剛就任民政廳長時，在報上出現了以二二八事件已罹難的名人王添灯等人之聯名慶祝啓事。劉明（他很關心政治，後來在白色恐怖中因贊助一家印刷廠，以資匪罪名入獄）後來跟謝聰敏立委說，廣告是前文化協會的人出主意，想要「糟蹋」我爸爸，但是又沒有錢，於是他出錢刊登的。劉明、陳逸松以及半山在二二八的時候就與爸爸意見不合，但是政治人物在政治上意見不合是常有的事，他為什麼這麼做，我們不清楚。劉明與陳逸松在二二八事件時都是處理委員會委員，但是事後他們不但都沒事，還被陳儀推薦擔任省府委員，雖然沒有當成。

當時想做官的人很多，看到爸爸只有小學畢業卻任大官，因此眼紅。同時，爸爸自光復以來一貫的立場是擁護政府，反對貪官污吏，可能是因為這種作風的關係，妨礙別人貪污，造成很大的反對聲浪，在省議會遭受強烈排擠。反對派人士以黃朝琴等半山居多，丘念臺和謝東閔則對爸爸很友善，謝東閔脾氣很好，常勸父親。爸爸於任職四十天後辭職，後來由楊肇嘉接任。

一九九三年我到美國時，在美國國立公文書館（National Archives），美國國務院解密檔案中找到關於爸爸的資料，其中在一九四九年十二月二十日駐臺領事致國務卿的電函中寫著：「吳國楨私下告訴我，……吳國楨仍然相信蔣渭川是臺灣人民的最好代表，雖然不受知識分子和既得利益階級的歡迎，既得利益階級控制省議會。……」我想這也是爸爸當時遭受反對的重要原因之一。

我曾在報紙上看過報導，爸爸在民政廳長任內，曾調查過二二八時全臺灣死傷人數。這件事我們沒有聽爸爸提起，並不清楚，不過就爸爸的個性看來，他應該會這樣做。

當時有人說，這樣的人事任命，是國民黨為討好美國人所做的表面性政治改革，局外人因此批評蔣渭川和國民黨合作。但是就爸爸的立場來說，他戰後就加入國民黨，是孫中山先生的信徒，深切期待民主憲政，很希望改善臺灣人的生活。在二二八的時候，他應邀出面調解，本意就是要為臺灣人做事，對臺灣人不利的事他絕對不做。我想，面對反對強烈聲浪，他一定是忍著痛，以做政府與人民的橋樑為己任。再說，這種角色總是要有人做，何況這件事情與爭取美援有關，可說是美國答應援助國民政府的條件之一，因此爸爸不得不答應出任民政廳長。廣告的事，我想爸爸可能至死都不知道誰登的。雖然在他生前我沒有直接聽他提起這件事，但是我想他一定很失望、很傷心。

爸爸於一九五〇年二月就任內政部常務次長，前後經歷十年半。

在常務次長任內，為了要安撫民心，他常常下鄉探訪民情，看到生活困苦的人，還自掏腰包接濟。有一回，他從布袋巡視回來，只見他心情很沈重，晚飯都吃不下。節雲覺得很奇怪，就小心翼翼地問爸爸，他才說：「當地人生活很窮困，餐桌上都擺著一碗鹽，菜不夠就用鹽來佐飯。」說完，就跟妹妹說：「把茶給我，我要吃茶泡飯。」節雲聽了也很難過。

大約在一九五〇年底，因為夫家的親戚有人牽涉到政治案件，於是我回娘家向爸爸探聽消息。當時曾聽他提起，每天都有人因政治事件被槍殺。爸爸說，這些人多是將來的國家棟樑，一時誤蹈歧

蔣渭川、林麵夫婦結婚四十週年合影。（蔣梨雲提供，黎澄貴翻攝）

途，政府應該教訓一下就好，好好的教導他們，讓他們有改過自新的機會才對，不要動輒就槍殺。爸爸曾數度為這些人請命，但是……。

一九六〇年五月中，爸爸辭內政部常務次長，同年十月接任臺灣產物保險公司董事長，在三年多的任內，工作上頻遭牽制，公司內紛爭不斷，舞弊百出。向來厭惡貪污的爸爸，在忍無可忍的情況下舉發總經理等人的貪污案，但卻在法院開庭審理前夕，突然被不合法的法令所新派任的董事長強制接管，因而，總經理的貪污案就此不了了之，爸爸也因此委屈的離開臺產公司。

爸爸平常有高血壓、心血管方面的病症，一九七五年五月五日因心臟病過世，享年八十歲。告別式由臺產時期的主任祕書李丙心（後來擔任第一產物總經理）先生主持，下葬在辛亥隧道過去一點的十五分。沒有料到，約一年後，墓園竟變成國宅用地，被強制徵收，不得已，只好將爸爸的靈骨連同巧雲的骨灰遷到觀音山獅頭的寶繡禪寺，同時也保留媽媽百年後的位置（媽媽在一九八六年過世，骨灰也在該寺）。

爸爸一生過的都是簡樸的生活，但是對周遭的人卻十分照顧。很多親戚朋友，都曾在我家住過一段時期。爸爸雖然當官，但為人正直，從不運用特權為自己或家人謀取私利。妹妹節雲在銀行工作，但三十多年下來仍然是臨時雇員，並沒有因爸爸當官的關係，就受到特別的待遇，這就是最好的例子。

平反

爸爸在二二八事件中，在政、軍、黨三方面的邀請，及多位社會人士敦促下，挺身參與事件處理工作，卻造成全家人落難吃苦，妹妹巧雲替爸爸死。爸爸雖然在當時算是化險為夷，往後卻被人誣陷、誤會，對他以及我們蔣家造成莫大的傷害。尤其看了柯遠芬的《事變十日記》，真令人憤怒，他請我父親出來調解，竟然又罵爸爸是首惡分子。爸爸和家人都感覺受了陳儀的陷害和欺騙。

前幾年官方組成二二八事件研究小組，宣稱要公正的調查二二八事件。我們原本也期待他們能夠還爸爸的清白，但是很令人失望。行政院二二八事件研究報告根本不客觀，也不公正。為此，我寫了三次的異議書，他們都不答覆我，所以我向法院提出告訴，但是告他們也沒有效，法院駁回書中竟然說該報告是：「善意而適當之評論」、「可受公評之歷史事件」；後來再訴請李登輝總統主持公道，但也是石沈大海。我們不禁懷疑，究竟政府撫平二二八創傷的誠意有多少呢？

針對行政院二二八事件研究報告、坊間出版品、以及社會人士對爸爸的誤解，我們已委託陳芳明教授將有關資料集結成冊，即將在明年（一九九六）出版，以資料、事實來證明父親的清白。在這裏我舉一兩個例子稍做說明。

行政院二二八事件研究報告指稱先父是ＣＣ派的人，又說「與李翼中緊密結合」。這種種論述，在資料的搜尋上不僅不足，在引證、推論等各方面，更是帶著偏見的無理推論。

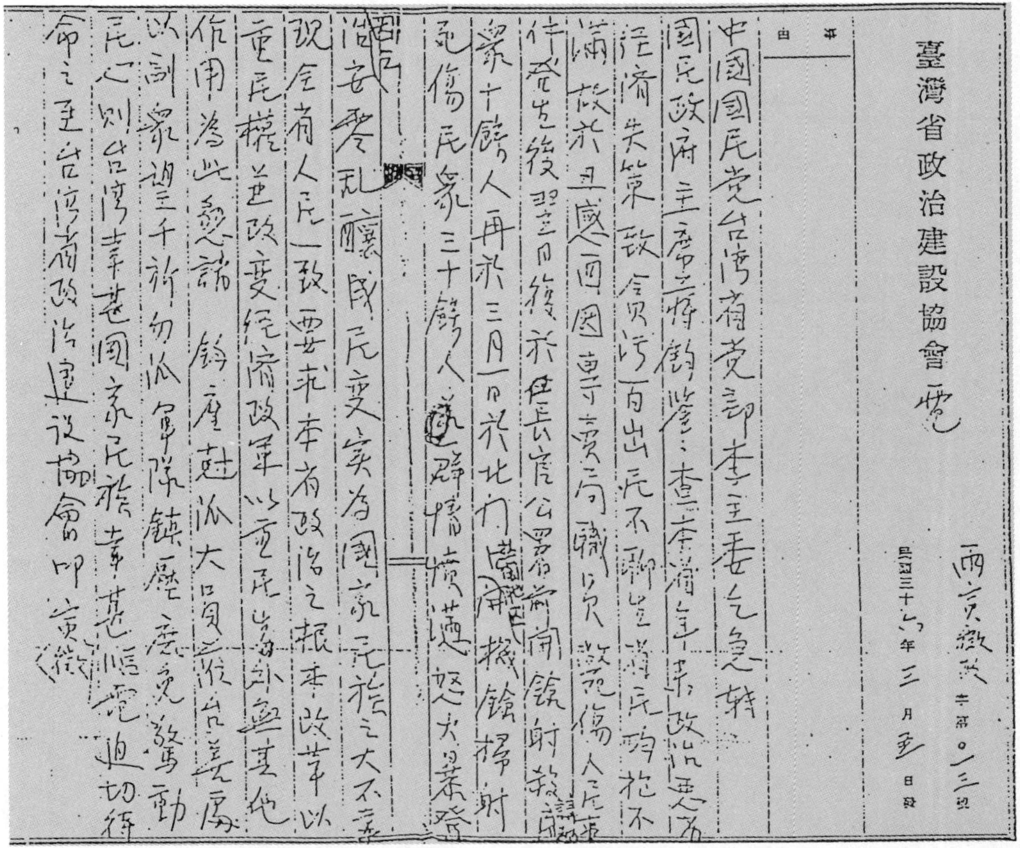

臺灣省政治建設協會電

西京欽 午后〇ノ三分

民國三十六年三月五日發

中國國民黨台灣省黨部李主委乞急轉

國民政府主席蔣鈞鑒：查本省年來政治惡劣，經濟失策，致貪污百出，民不聊生，省民均抱不滿。於丑感因專賣局職員毆傷人民事件發生後，翌日復於長官公署前開鎗射殺請願民眾十餘人，再於三月一日於北門[illegible]機鎗掃射，死傷民眾三十餘人，致群情憤激，怒火兼發，治安紊亂，釀成民變，實為國家民族之大不幸。現全省人民一致要求本省政治之根本改革，以重民權，並改變經濟政策，以重民生，此外無其他作用。為此急請鈞座趕派大員蒞台善處，以副眾望，千祈勿派軍隊鎮壓，庶免驚動民心，則台灣幸甚，國家民族幸甚。臨電迫切待命之至。台灣省政治建設協會叩。寅微

一九四七年三月五日，臺灣省政治建設協會託李翼中電籲蔣介石「剋派大員蒞臺善處以副眾望千祈勿派軍隊鎮壓」。（資料來源：宋天瀚先生，蔣梨雲提供）

臺灣政治建設協會用箋

（元臺灣民衆協會）

南京美國大使館
司徒大使煩轉
中國國民政府
蔣主席鈞鑒
台灣此次民変純為反對貪污
官僚要求政治改革並無其他作
用請萬勿派兵来台以免再激民
心並懇迅派大員莅台調処則國
家幸甚
台灣省政治建設協會 寅微

中華民國　年　月　日

一九四七年三月五日，臺灣省政治建設協會託臺北美國領事館電請南京美國大使館轉致蔣介石電文「請萬勿派軍來臺以免再激民心」。（資料來源／美國國務院解密檔，蔣梨雲提供）

今年（一九九五）《吳國楨傳》在臺灣出版，從傳記中很清楚的知道吳國楨極端厭惡CC，絕不與之妥協，假若爸爸是CC，他怎麼會找爸爸出來做民政廳長？絕對不可能。

二二八時，李翼中主張派兵鎮壓，他在《帽簷述事》中這麼說：「惟有籲請中央然後臨之以威，綏之以德。」但是，爸爸一心以臺灣人民安危為念，三月五日，曾託省黨部主委李翼中電函蔣介石：「千乞勿派軍隊鎮壓庶免驚動民心」。爸爸又擔心循黨部管道，不能保證訊息能傳達到中央，因此，同時又做了其他安排。據宋天瀚先生說，其外祖父呂伯雄先生在三月五日冒險翻牆，將信函送進臺北美國領事館，委請轉南京美國大使館，請司徒大使轉致國民政府「請萬勿派兵來臺以免再激民心並懇迅派大員蒞臺調處」。爸爸這樣做，是冒犯李翼中主委的行動，行政院的報告中說蔣渭川與李翼中緊密結合，是錯誤的。從這裏可以充分的說明，爸爸在調停二二八時，絕對是站在臺灣人的立場，為臺灣人而努力。這個事實絕不容他人任意誣陷、抹黑。

爸爸自日本時代起和二伯父一起戮力於政治社會運動，目的在於追求臺灣人幸福的未來。他很想、也很願意為臺灣人做事，絕不是行政院二二八事件研究報告所抹黑的「政治慾望頗高」。當時臺灣人要求的是改革，不是要革命，爸爸挺身出面調解，掛慮的是民眾的安危，希望能盡快化解官民糾紛，平息事件，要不然政府有槍，稍一處理不慎，便會釀成大禍，造成臺灣人民重大的犧牲。因此爸爸跟陳儀交涉時就再三詢問，極力諫言千萬不可派兵鎮壓。假如爸爸和李翼中兩人掛鉤，爸爸何須如此煞費苦心的安排？

爸爸在手記的《二二八事變始末記》中記載：「事變中自己是盡了力的，做的有分寸而無過失。自信問心無愧，也無容任何人誣陷的餘地。」我們絕對相信這是清廉正直的父親的肺腑之言。身為蔣渭川的後人，我們今天爭的不是同情，而是事實，希望能夠將有關先父的史實留給後代，為了先父的名譽，也為了臺灣社會。

後記

張炎憲

住在臺北將近二十年，臺北已成為我的第二故鄉。但我對臺北，除了求學、工作、家居的場所之外，則相當陌生。藉這次調查大臺北地區口述歷史的機會，我走入大街小巷，才稍稍了解臺北的街景和風貌。二二八受難者家屬大多是老臺北人，談起往事，栩栩如生。我不只採訪到二二八的歷史，也改變了浮華臺北的刻板印象，臺北原來那麼有人情味。

臺北地區二二八口述歷史調查是繼續去年未完成的工作，感謝高李麗珍女士、李文卿先生、廖德雄先生、李月美女士、阮美姝女士的幫助，我們才能順利完成採訪工作。有些家屬由於種種考慮，婉拒採訪記錄之刊載，實在遺憾。由於個人所知有限，必有疏漏之處或未及訪問的家屬，尚請體諒。更感謝祐生研究基金會及東和鋼鐵企業有限公司的贊助，和創意力文化事業有限公司慨然提供照片，使二二八口述歷史系列採訪紀錄得以付梓。

臺北地區二二八的特色是豐富的、多元的。受難者有領導菁英，亦有庶民百姓。受難者家屬談起往事，有的充滿熱情，有的顯得無奈，有的相當悲憤。我靜靜地聽，慢慢地感受，體會二二八的歷史脈動和臺灣人的感情。

人在歷史中是渺小的，但也是偉大的。我常想，有人才有歷史，但人常迷失在歷史中。訪查二二八受難者家屬，我更深刻體會到人的無奈、孤獨、強韌與意志。

口述歷史系列A05

臺北都會二二八

出版贊助／財團法人祐生研究基金會
東和鋼鐵企業股份有限公司
策　　劃／財團法人吳三連臺灣史料基金會
採訪記錄／張炎憲・胡慧玲・黎澄貴
發 行 人／吳樹民
總 編 輯／張炎憲
執行主編／李彩芬・吳麗娟
校　　對／張炎憲・胡慧玲・黎澄貴・李彩綉
封面設計／曾堯生
出　　版／財團法人吳三連臺灣史料基金會
地址：臺北市南京東路三段二一五號十樓
郵撥：1671855-1 財團法人吳三連臺灣史料基金會
電話・傳眞：（02）7122836・7174593
總 經 銷／吳氏圖書有限公司
地址：臺北市和平西路一段一五○號三樓之一
電話：（02）3034150
出版登記／局版臺業字第五五九七號
法律顧問／周燦雄律師
排　　版／陽明電腦排版公司
印　　刷／松霖彩印有限公司

定價：新臺幣二五○元
第一版一刷：一九九六年二月
第一版二刷：一九九七年二月

ISBN　957-99634-5-2

國立中央圖書館出版品預行編目資料

臺北都會二二八 / 張炎憲、胡慧玲、黎澄貴採訪記錄. --第一版. --臺北市：吳三連基金會出版：吳氏總經銷, 1996[民85]

面；　公分. --(口述歷史系列；A05)

ISBN 957-99634-5-2(平裝)

1. 二二八事件　2. 臺灣 - 傳記

673.2291　85001089